MAGDALENA KONRADS

DAMPFBACKOFEN

× KOCHBUCH ×

Alle Ratschläge in diesem Buch wurden vom Autor und vom Verlag sorgfältig erwogen und geprüft. Eine Garantie kann dennoch nicht übernommen werden. Eine Haftung des Autors beziehungsweise des Verlags für jegliche Personen-, Sach- und Vermögensschäden ist daher ausgeschlossen.

Email: info@edition-lunerion.de
www.edition-lunerion.de

Psiana eCom UG
Berumer Str. 44
26844 Jemgum

Vorwort

Liebäugeln Sie mit der Anschaffung eines Dampfbackofens, um zwei Funktionen in einem Gerät zu vereinen? Oder sind Sie schon stolzer Besitzer des Küchen-Allrounders? Und jetzt wollen Sie das Maximum an Geschmack aus dem Ofen herausholen? Dann schnappen Sie sich dieses Kochbuch und entdecken Sie einzigartige Rezeptvielfalt für jeden Geschmack!

Ein Dampfbackofen tut genau das, was sein Name bereits verrät: Er erledigt Dampfgaren und Backen in einem und spart Ihnen somit wertvolle Zeit, Arbeit und Platz in der Küche. Ob feiner Teig regelmäßig befeuchtet werden muss, Gargut auf den Punkt saftig-knusprig werden soll oder Sie einfach unkompliziert das Essen vom Vortag erwärmen möchten – mit Wasserdampf geht's kinderleicht. Dieses Buch präsentiert Ihnen nun eine große Auswahl an leckeren Rezepten, bei denen der Dampfbackofen zur Höchstform aufläuft, und versorgt Sie mit knackigen Salaten, deftigen Hauptgerichten, feinen Backwaren und verführerischen Desserts. Ob Fleischfan, Fischliebhaber, Veggie oder Naschkatze, hier kommt jeder auf seine Kosten und Sie entdecken reichlich Inspirationen für alle Geschmäcker und Anlässe.

Guten Appetit!

Wissenswertes

Dampfbacköfen sind ein unverzichtbarer Küchenhelfer für Anfänger, Hobbyköche und Profis. Durch den revolutionären Ansatz, die Tätigkeiten des Dampfgarens und Backens zu verbinden, entstehen ganz neue Möglichkeiten. Diese vielfältigen Möglichkeiten spiegeln sich in den Rezepten dieses Kochbuches wider.

Nachfolgend werden Ihnen erst einmal Hintergrundinfos und anderweitige nützliche Informationen zum Thema „Dampfbackofen" vermittelt. Sie bekommen eine Einführung in die Funktionen des Dampfbackofens, hilfreiche Tipps und erfahren, welche Vorteile dieser mit sich bringt.

Was ist ein Dampfbackofen?

Bei einem Dampfbackofen wurde ein herkömmlicher Backofen mit einem Dampfgarer verbunden. Es handelt sich um ein Kombigerät, welches über eine Vielzahl an Funktionen verfügt. Durch die integrierte Dampffunktion können Sie Ihre Speisen gleichzeitig backen und dampfgaren. Genau wie ein herkömmlicher Backofen wird auch der Dampfbackofen in der Küche eingebaut.

Welche Arten von Dampfbacköfen gibt es?

Es gibt drei unterschiedliche Arten von Dampfbacköfen. Der Unterschied liegt darin, wie das Wasser in den Dampfbackofen kommt, welches für den Dampfgar-Prozess benötigt wird. Übliche Gerätehersteller für Dampfbacköfen sind bspw. Siemens, Neff, AEG und Bosch. Es gibt aber auch Geräte von anderen Marken.

Bei der ersten Dampfbackofen-Art befindet sich am Boden des Backofens eine Mulde. Hier müssen Sie das Wasser eigenständig in die Mulde füllen. Je nach Gardauer kann es sein, dass Sie das Wasser einmal oder sogar mehrmals nachfüllen müssen. Somit findet die Wasserregulierung nicht automatisch statt, sondern muss manuell durchgeführt werden. Zudem sinken die Temperatur und das Feuchtigkeitslevel bei geöffneter Backofentür sehr schnell. Somit müssen Sie ggf. zusätzliche Zeit einplanen, um den Dampfbackofen wieder auf die gewünschte Temperatur zu bekommen.

Bei der zweiten Dampfbackofen-Art ist der Dampfbackofen mit einem Festwasseranschluss verbunden. Somit hat der Backofen dauerhaft Zugriff auf Wasser und die Wasserregulierung kann eigenständig vollzogen werden. Sie müssen kein Wasser nachfüllen und auch keinen Wasserbehälter entleeren oder auffüllen. Diese Art der Dampfbacköfen ist jedoch die teuerste.

Bei der dritten Dampfbackofen-Art besitzt der Backofen einen Wassertank, welcher manuell mit Wasser aufgefüllt werden muss. Der Wassertank ist üblicherweise von der Vorderseite zugänglich, wodurch das Auffüllen sehr einfach ist. Je nach Modell kann sich die Größe des Wassertanks unterscheiden, sodass es sich empfiehlt, ein Modell mit einem großen Wassertank zu kaufen. Genau wie bei dem Dampfbackofen mit Mulde muss auch hier bei einer längeren Gardauer ggf. Wasser nachgefüllt werden.

Was macht ein Dampfbackofen?

Der Dampfbackofen erleichtert Prozesse, die ansonsten manuell durchgeführt werden müssten. Bei manchen Back- oder Gärprozessen ist es notwendig, bspw. einen Teig zu befeuchten. Das Befeuchten findet jedoch nicht nur einmal, sondern in regelmäßigen Abständen statt. Bei diesem Prozess kann der

Dampfbackofen Abhilfe schaffen, da er automatisch in festgelegten Intervallen Wasserdampf versprühen kann. Für ein optimales Ergebnis sind die richtigen Einstellungen wichtig.

Die üblichen Funktionen eines Dampfbackofens sind folgende:

- Heißluft
- Ober- und Unterhitze
- Grillen
- Regenerieren/Aufwärmen
- Auftauen
- Dampfgaren
- Kombidampffunktion

Diese Funktionen können z. T. auch in Kombination verwendet werden. Je nach Modell kann es zu Unterschieden kommen, weswegen es sich empfiehlt, die Gebrauchsanweisung durchzulesen.

Was sind die Vorteile?

Zum einen können Sie sich den Kauf zweier Geräte sparen. Statt sich einen Dampfgarer und einen Backofen zu kaufen, reicht ein Dampfbackofen aus. Somit sparen Sie nicht nur Geld, sondern Sie sparen auch Platz in Ihrer Küche. Falls Sie jedoch regelmäßig für eine große Anzahl an Personen kochen wollen, empfiehlt es sich, ggf. zwei Geräte anzuschaffen, um parallel arbeiten zu können.

Bei der Zubereitung von Lebensmitteln, die in gewissen Abständen befeuchtet werden müssen, sparen Sie Zeit, da der Dampfbackofen diesen Vorgang übernimmt. Somit können Sie in der Zeit andere Tätigkeiten ausführen.

Die Reinigung von Dampfbacköfen wird bei manchen Modellen durch ein spezielles Dampfreinigungsprogramm vereinfacht. Somit müssen Sie den Backofen nicht wie üblich von Hand reinigen, sondern können diesen Prozess durch ein Programm vereinfachen.

Frühstück

MILCHREIS MIT ZIMT UND HIMBEEREN

4 Port.

40 Min.

Leicht

Zutaten

625 ml Milch
250 g Milchreis
150 g Himbeeren
7 EL Zucker
2 TL Zimt
1 Prise Salz

Nährwerte p. P.

452 kcal,
86 g Kohlenhydrate,
7 g Fett,
10 g Eiweiß

1 Nehmen Sie einen Dampfgar-Behälter ohne Löcher heraus. Vermengen Sie darin die Milch, den Milchreis, 4 EL Zucker und 1 Prise Salz.

2 Stellen Sie den Backofen auf Dampfgarstufe 100 °C. Lassen Sie den Milchreis ca. 35 Minuten im Backofen garen.

3 Entfernen Sie vor dem Servieren ggf. die gebildete Milchhaut. Servieren Sie den Milchreis zusammen mit den gewaschenen Himbeeren, dem Zimt und dem restlichen Zucker.

GEKOCHTE EIER

4 Port. 15 Min. Leicht

Zutaten

Eier

Nährwerte p. P.

335 kcal,
3 g Kohlenhydrate,
26 g Fett,
23 g Eiweiß

1 Heizen Sie den Dampfbackofen auf 95 °C mit 100 % Luftfeuchtigkeit auf.

2 Legen Sie die Eier entweder auf ein Ofenrost oder in eine Edelstahlpfanne. Geben Sie die Eier in den Backofen und achten Sie dabei darauf, die Tür nicht zu lange offen zu lassen, da die Temperatur schnell absteigt.

3 Lassen Sie die Eier je nach gewünschter Konsistenz garen:

4 7 ½ Minuten: Das Eigelb ist gerade erst fest geworden und zerläuft noch z. T.

5 8 Minuten: Das Eigelb ist fest, aber noch sehr saftig

6 10 Minuten: Das Ei ist fest, aber in der Mitte noch saftig

7 12 Minuten: Das Eiweiß ist fest und das Eigelb ist krümelig bzw. vollständig gekocht

8 Lassen Sie die Eier am besten kurz abkühlen, bevor Sie mit dem Schälen beginnen. Sie können die Eier bis zu 4 Tage im Kühlschrank lagern.

RÜHREI

4 Port.

10 Min.

Leicht

Zutaten

6 Eier
1 ½ EL Butter
1 ½ EL Sahne
Salz und Pfeffer

Nährwerte p. P.

332 kcal,
2 g Kohlenhydrate,
28 g Fett,
17 g Eiweiß

1 Heizen Sie den Dampfbackofen auf 95 °C mit 100 % Luftfeuchtigkeit auf.

2 Verquirlen Sie die Eier und würzen Sie diese nach Belieben mit Salz, Pfeffer und ggf. anderweitigen Gewürzen.

3 Geben Sie die Eier in ein stabiles Blech oder ein ähnliches Gefäß aus Edelstahl. Das Material des Behälters ist wichtig, da Keramik- oder Glasbehälter die Garzeit verkürzen können.

4 Schieben Sie das Rührei in den Ofen und stellen Sie einen Timer auf 2 ½ Minuten. Achten Sie hierbei darauf, die Tür möglichst nur kurz geöffnet zu haben.

5 Rühren Sie das Rührei nach Ablauf der Zeit um und lösen Sie das Ei von den Rändern des Behälters.

6 Wenn die Konsistenz nach Ihrem Empfinden gut ist, können Sie die Butter und Sahne einrühren. Falls die Konsistenz noch nicht gut ist, können Sie das Rührei weitere 30 Sekunden im Ofen lassen und anschließend erst die Sahne und Butter unterrühren.

7 Nehmen Sie das Rührei heraus und servieren Sie es nach Belieben.

Tipp: Die Garzeit sollte nicht mehr als 3 - 4 Minuten betragen, da die Eier ansonsten nicht mehr saftig sind und übermäßig an der Form kleben können.

KOKOSPUDDING

4 Port.

40 Min.

Mittel

Zutaten

370 ml Kokosmilch
250 ml Milch
250 g Mango (geschnitten)
120 g Zucker
6 Eier

Nährwerte p. P.

540 kcal,
41 g Kohlenhydrate,
35 g Fett,
14 g Eiweiß

1 Heizen Sie den Dampfbackofen auf voller Dampffunktion auf 85 °C vor.

2 Vermengen Sie die Kokosmilch mit der Milch.

3 Verquirlen Sie die Eier mit dem Zucker und geben Sie die Mischung zur Milch. Verrühren Sie alles gut miteinander.

4 Geben Sie die Mischung in kleine Förmchen.

5 Füllen Sie 400 ml Wasser in die Wasserschublade und lassen Sie den Pudding 35 Minuten garen.

6 Stürzen Sie den Pudding nach abgelaufener Zeit auf kleine Teller und dekorieren Sie den Pudding mit der geschnittenen Mango.

HIMBEERPUDDING

 4 Port.
 1 Std.
 Mittel

Zutaten

1 l Milch
500 g Himbeeren
100 g Rohrzucker
8 Eier
1 Pck. Vanillezucker

Nährwerte p. P.

511 kcal,
49 g Kohlenhydrate,
24 g Fett,
21 g Eiweiß

1 Geben Sie die Milch in einen Topf und bringen Sie diese zum Kochen.

2 Verquirlen Sie die Eier in einer großen Schüssel und geben Sie den Rohrzucker und den Vanillezucker hinzu.

3 Fügen Sie die Milch hinzu und verrühren Sie alles gut miteinander.

4 Geben Sie die Himbeeren in ein Sieb und waschen Sie diese gründlich. Rühren Sie die Himbeeren anschließend ebenfalls unter die Masse.

5 Füllen Sie die Masse in geeignetes Geschirr für den Backofen (bspw. eine oder mehrere Schüsseln).

6 Heizen Sie den Dampfbackofen auf 95 °C vor.

7 Stellen Sie das Geschirr mit der Masse auf ein Backblech und lassen Sie dieses ca. 50 Minuten im Ofen backen.

8 Überprüfen Sie den Pudding mithilfe einer Messerklinge. Bleibt der Pudding nicht am Messer kleben, ist er fertig.

9 Nehmen Sie den Pudding aus dem Backofen und lassen Sie diesen vor dem Verzehr abkühlen.

TOMATEN-SPINAT-FRITTATA

1 Frittata 35 Min. Leicht

Zutaten

75 g Babyspinat
50 g Cheddar
6 Eier
1 Tomate
Etwas Olivenöl, Basilikum, Cherrytomaten
Salz, Pfeffer

Nährwerte p. P.

760 kcal,
9 g Kohlenhydrate,
57 g Fett,
50 g Eiweiß

1 Schneiden Sie die Tomate in feine Würfel.

2 Schütten Sie etwas Olivenöl in eine ofenfeste Pfanne.

3 Verquirlen Sie die Eier in der Pfanne.

4 Fügen Sie die Tomaten, den Babyspinat und dann den Cheddar hinzu. Streuen Sie nach Belieben Salz und Pfeffer obendrauf.

5 Heizen Sie den Dampfbackofen auf 190 °C mit aktivierter Dampffunktion vor.

6 Geben Sie die Pfanne für ca. 20 - 25 Minuten in den Ofen.

7 Servieren Sie die Frittata mit frischem Basilikum und Cherrytomaten.

TOMATENBROT

 2 Toasts

 35 Min.

 Leicht

Zutaten

60 g Frischkäse
2 Toastscheiben
2 Tomaten
Etwas Olivenöl
Salz, Pfeffer, Chiliflocken, Knoblauchpulver

Nährwerte p. P.

191 kcal,
13 g Kohlenhydrate,
13 g Fett,
5 g Eiweiß

1 Legen Sie ein Backblech mit Backpapier aus.

2 Schneiden Sie die Tomaten in dünne Scheiben.

3 Streichen Sie den Frischkäse auf die Toasts. Legen Sie die Tomaten darauf und würzen Sie nach Belieben mit Salz, Pfeffer, Chiliflocken und Knoblauchpulver.

4 Beträufeln Sie die Tomaten mit etwas Olivenöl.

5 Heizen Sie den Dampfbackofen auf 120 °C vor.

6 Geben Sie die Toasts für ca. 20 - 30 Minuten in den Ofen.

Tipp: Je nach gewünschter Bräunung und Konsistenz kann die Garzeit kürzer oder länger ausfallen.

ZWETSCHGENSTREUSEL

1 Backform (8 Port.)

40 Min.

Leicht

Zutaten

800 g Zwetschgen
100 g Butter (weich)
100 g brauner Zucker
100 g Mehl
50 g Haferflocken (kernig)
1 Pck. Vanillezucker
2 EL brauner Zucker
1 TL Zimt

Nährwerte p. P.

274 kcal,
39 g Kohlenhydrate,
11 g Fett,
3 g Eiweiß

1 Entsteinen Sie die Zwetschgen und halbieren oder vierteln Sie diese anschließend.

2 Geben Sie die Zwetschgen in eine große Schüssel und vermengen Sie diese mit dem Zimt und 2 EL braunem Zucker.

3 Geben Sie die Butter, den braunen Zucker, das Mehl, die Haferflocken und das Päckchen Vanillezucker in eine andere Schüssel. Verarbeiten Sie die Mischung entweder mit der Hand oder mithilfe von Knethaken zu Streuseln.

4 Füllen Sie die Zwetschgen in eine runde gefettete Auflauf- oder Quicheform. Verteilen Sie die Streusel auf den Zwetschgen.

5 Heizen Sie den Dampfbackofen auf 180 °C mit Heißluft vor.

6 Geben Sie die Backform in den Ofen und lassen Sie die Zwetschgenstreusel ca. 25 - 30 Minuten lang backen.

Marmelade, Konfitüre und Aufstrich

ERDBEERMARMELADE

6 Gl.

30 Min.

Leicht

Zutaten

1 kg TK Erdbeeren
500 g Gelierzucker (2 : 1)
6 Marmeladengläser (leer)
1 Zitrone

Nährwerte p. P.

398 kcal,
95 g Kohlenhydrate,
1 g Fett,
1 g Eiweiß

1 Geben Sie die unaufgetauten Erdbeeren in eine große Schüssel.

2 Waschen Sie die Zitrone und reiben Sie die Schale in die Schüssel mit den Erdbeeren. Pressen Sie die Zitrone anschließend aus und geben Sie den Saft ebenfalls hinzu.

3 Fügen Sie den Gelierzucker hinzu und verrühren Sie alles gut miteinander.

4 Heizen Sie den Dampfbackofen auf 100 °C vor.

5 Füllen Sie die Mischung in eine große Auflaufform oder ein tiefes Blech. Geben Sie die Mischung in den Dampfbackofen und lassen Sie die Mischung 20 Minuten dämpfen.

6 Nehmen Sie nach Ablauf der Zeit die Form heraus und pürieren Sie die Mischung. Je nach gewünschter Konsistenz können Sie nur kurz oder etwas länger pürieren.

7 Füllen Sie die Marmelade in die sterilen Marmeladengläser. Verschließen Sie die Gläser fest mit dem Deckel.

8 Stellen Sie die Gläser mit dem Deckel nach unten hin und lassen Sie die Marmelade abkühlen. Sobald die Marmelade komplett abgekühlt ist, können Sie diese entweder im Kühlschrank oder an einem anderen kühlen Ort lagern.

AUBERGINEN-MINZE-KONFITÜRE

4 Gl.

1 Std..

Mittel

Zutaten

60 Taggiasca-Oliven (entkernt)
24 Minzblätter
16 getrocknete Tomaten
4 Auberginen
2 Zwiebeln
16 EL Olivenöl
8 EL Balsamico-Essig
1 Prise Salz

Nährwerte p. P.

654 kcal,
15 g Kohlenhydrate,
61 g Fett,
7 g Eiweiß

1 Schneiden Sie die Auberginen in kleine Würfel und die Zwiebeln in dünne Scheiben.

2 Geben Sie alle Zutaten in eine Schüssel. Vermengen Sie alles gut miteinander.

3 Verteilen Sie die Mischung auf die 4 Gläser und platzieren Sie diese auf einem Backblech oder Rost.

4 Heizen Sie den Dampfbackofen auf 100 °C vor.

5 Geben Sie das Backblech mit den geöffneten Gläsern in den Backofen und lassen Sie diese für 45 Minuten garen.

6 Nehmen Sie die Gläser anschließend sofort heraus und verschließen Sie die Gläser zügig. Drehen Sie die Gläser um, sodass der Deckel nach unten zeigt, und lassen Sie die Gläser vollständig auskühlen.

Tipp: Dieser Aufstrich kann auch als Ersatz zum klassischen Bruschetta verwendet werden.

VANILLE-PFLAUMEN-KONFITÜRE

4 Gl.

1 Std.
10 Min.

Mittel

Zutaten

12 Pflaumen
8 Pfirsiche
4 Vanilleschoten
2 Zitronen
4 EL Zucker

Nährwerte p. P.

233 kcal,
51 g Kohlenhydrate,
1 g Fett,
2 g Eiweiß

1 Schneiden Sie die Vanilleschoten auf und kratzen Sie das Vanillemark heraus.

2 Waschen Sie die Pflaumen und Pfirsiche und schneiden Sie diese in Würfel.

3 Waschen Sie die Zitronen ab. Reiben Sie zunächst die Schale ab und halbieren Sie anschließend die Zitronen, um den Saft auszupressen.

4 Geben Sie alle Zutaten, außer der Zitronenschale, in einen Topf. Pürieren Sie die Masse mit einem Stabmixer bis zur gewünschten Konsistenz.

5 Rühren Sie die Zitronenschale unter.

6 Heizen Sie den Dampfbackofen auf 100 °C vor.

7 Verteilen Sie die Konfitüre auf die 4 Gläser. Stellen Sie die offenen Gläser auf ein Rost oder Backblech.

8 Geben Sie die Konfitüre für 1 Stunde in den Dampfbackofen.

9 Nehmen Sie nach Ablauf der Zeit die Gläser aus dem Ofen. Verschließen Sie die Gläser zügig und stellen Sie diese mit dem Deckel nach unten hin. Lassen Sie die Gläser vollständig abkühlen.

KÜRBIS-ZWIEBEL-AUFSTRICH

4 Gl. 1 Std. Mittel

Zutaten

800 ml Apfelessig
4 Zwiebeln
2 Kürbisse
4 EL Olivenöl
Salz, Oregano

Nährwerte p. P.

864 kcal,
33 g Kohlenhydrate,
62 g Fett,
32 g Eiweiß

1 Schälen und entkernen Sie den Kürbis.

2 Schneiden Sie die Zwiebeln in dünne Scheiben und den Kürbis in kleine Würfel.

3 Geben Sie alle Zutaten in eine Schüssel und verrühren Sie diese gut miteinander. Würzen Sie nach Belieben mit Salz und Oregano.

4 Verteilen Sie die Masse auf die 4 Gläser.

5 Heizen Sie den Dampfbackofen auf 100 °C vor.

6 Stellen Sie die offenen Gläser auf ein Backblech oder Rost. Lassen Sie die Gläser ca. 45 Minuten lang im Ofen.

7 Verschließen Sie die Gläser nach dem Herausnehmen sofort und stellen Sie die Gläser mit dem Deckel nach unten hin. Lassen Sie den Aufstrich vollständig abkühlen.

Tipp: Dieser Aufstrich passt auch sehr gut als Beilage für Fleisch oder zu Croûtons..

MANGO-RHABARBER-KONFITÜRE

4 Gl.

1 Std.
30 Min.

Mittel

Zutaten

300 g Gelierzucker
250 g Mango
250 g Rhabarber
100 ml Orangensaft

Nährwerte p. P.

864 kcal,
33 g Kohlenhydrate,
62 g Fett,
32 g Eiweiß

1 Entfernen Sie die äußerste Schicht des Rhabarbers und schneiden Sie die Blätter ab (falls vorhanden). Waschen Sie den Rhabarber gründlich ab und schneiden Sie ihn anschließend in kleine Stücke.

2 Entfernen Sie die Schale der Mango und trennen Sie das Fruchtfleisch vom inneren Kern ab. Schneiden Sie die Mango ebenfalls in kleine Stücke.

3 Geben Sie den Gelierzucker, Orangensaft, Rhabarber und die Mango in eine ofenfeste Form.

4 Heizen Sie den Dampfbackofen mit eingestellter Dampffunktion auf 100 °C vor.

5 Geben Sie die Backform für ca. 10 Minuten in den Ofen.

6 Stellen Sie den Dampfbackofen nach Ablauf der Zeit auf 150 °C mit der Funktion „Heißluft mit Beschwaden". Lassen Sie die Backform weitere 30 Minuten im Ofen.

7 Vermengen Sie die Zutaten gründlich miteinander und geben Sie die Konfitüre anschließend in die Einmachgläser.

8 Stellen Sie den Dampfbackofen auf 100 °C, mit der Dampffunktion eingeschaltet.

9 Verschließen Sie die Gläser und stellen Sie diese auf einem Backblech auf Einschubhöhe 1 in den Ofen. Lassen Sie die Gläser weitere 30 Minuten darin garen.

10 Öffnen Sie den Ofen nach Ablauf der Zeit und lassen Sie die Gläser vollkommen abkühlen.

Brot, Brötchen etc.

DINKELTOAST

1 Toastbrot (10 – 15 Scheiben)

7 Std.

Schwer

Zutaten

500 g Dinkelmehl
200 ml Milch
50 ml Wasser
30 g Butter (weich)
10 g Zucker
10 g Honig
10 g Speisestärke
9 g Salz
6 g Hefe (frisch)

Nährwerte p. P.

214 kcal,
38 g Kohlenhydrate,
4 g Fett,
6 g Eiweiß

1 Verrühren Sie das Wasser, die Hefe und das Salz in einer Schüssel miteinander. Decken Sie die Schüssel ab und lassen Sie die Hefe zwischen 4 - 8 Stunden ziehen.

2 Geben Sie die restlichen Zutaten in eine große Schüssel. Fügen Sie die Hefemischung hinzu und vermengen Sie alles gründlich miteinander. Kneten Sie den Teig entweder mit der Hand oder lassen Sie den Teig 10 Minuten lang auf niedriger Stufe von einer Küchenmaschine kneten.

3 Decken Sie die Schüssel mit einem Handtuch ab. Stellen Sie den Teig an einen warmen Ort und lassen Sie diesen weitere 2 - 3 Stunden ruhen.

4 Streuen Sie etwas Mehl auf die Arbeitsfläche und legen Sie den Teig darauf. Kneten Sie den Teig einmal durch und füllen Sie ihn anschließend in eine gefettete Backform. Hierfür können Sie entweder eine spezielle Toastform benutzen oder eine längliche Kuchenform.

5 Heizen Sie den Dampfbackofen auf 96 °C Ober- und Unterhitze vor.

6 Geben Sie die Backform in den Ofen und lassen Sie das Toastbrot 5 Minuten lang backen.

7 Erhöhen Sie die Temperatur anschließend auf 200 °C. Lassen Sie das Toastbrot so lange auf dieser Temperatur backen, bis 200 °C erreicht wurden.

8 Stellen Sie die Temperatur anschließend auf 175 °C herunter und lassen Sie das Toastbrot ca. 25 - 30 Minuten lang backen.

9 Nehmen Sie nach Ablauf der Zeit das Toastbrot aus dem Ofen. Testen Sie, ob das Brot bereits fest ist. Falls es sich noch weich anfühlt, stellen Sie es noch einmal kurz in den Ofen.

BUTTERZOPF

1 Butterzopf (10 Scheiben)

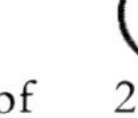
2 Std..

Mittel

Zutaten

375 g Weizenmehl
300 ml Milch
125 g Dinkelmehl
60 g Butter (weich)
20 g Hefe (frisch)
1 TL Salz

Nährwerte p. P.

238 kcal,
37 g Kohlenhydrate,
7 g Fett,
6 g Eiweiß

1 Vermengen Sie das Weizen- und Dinkelmehl in einer großen Schüssel.

2 Bröseln Sie die Butter hinein und fügen Sie die Milch und etwas Salz hinzu.

3 Lösen Sie die Hefe in der Butter auf und geben Sie diese Mischung ebenfalls in die große Schüssel.

4 Verkneten Sie die Mischung entweder mit der Hand oder mithilfe einer Küchenmaschine zu einem glatten Teig.

5 Decken Sie den Teig mit einem Handtuch zu und lassen Sie diesen ca. 1 Stunde bei Zimmertemperatur gehen.

6 Nehmen Sie den Teig aus der Schüssel und teilen Sie diesen in 2 oder 3 gleiche Stücke. Formen Sie den Teig jeweils zu gleich dicken Strängen und verflechten Sie diese miteinander zu einem Zopf.

7 Legen Sie den Zopf auf ein mit Backpapier ausgelegtes Backblech.

8 Heizen Sie den Dampfbackofen auf dem Modus „Heißluft mit Dampf" auf 190 °C vor. Falls vorhanden, können Sie zusätzlich die Funktion „Beschwaden" verwenden.

9 Geben Sie das Backblech auf der untersten Schiene in den Backofen. Lassen Sie den Butterzopf ca. 20 - 25 Minuten backen. Je nach Backofen kann die Backdauer variieren.

10 Nehmen Sie den Butterzopf heraus, sobald er goldbraun ist. Lassen Sie den Zopf vor dem Verzehr abkühlen.

LAUGENBRÖTCHEN

12 Bröt-chen

1 Std. 30 Min.

Mittel

Zutaten

3 l Wasser
390 g Weizenmehl
240 ml Milch
90 g Backpulver
1 Ei
2 EL Butter
2 EL brauner Zucker
2 TL Trockenhefe
2 TL Salz
1 TL Wasser

Nährwerte p. P.

153 kcal,
26 g Kohlenhydrate,
3 g Fett,
5 g Eiweiß

1 Erhitzen Sie die Milch und Butter in einem Topf. Sobald die beiden Zutaten sich komplett vermengt haben und warm sind, können Sie diese in eine große Schüssel geben.

2 Fügen Sie das Mehl, den Zucker, die Trockenhefe und das Salz hinzu. Verkneten Sie alles zu einem Teig. Dies können Sie entweder mit der Hand oder mithilfe einer Küchenmaschine machen.

3 Formen Sie den Teig zu einer Kugel und decken Sie den Teig mit einem Handtuch ab. Lassen Sie den Teig 1 Stunde lang ruhen.

4 Füllen Sie 3 Liter Wasser in einen großen Topf und rühren Sie das Backpulver unter. Lassen Sie die Mischung aufkochen.

5 Teilen Sie den Teig in 12 gleich große Kugeln.

6 Legen Sie die Teigkugeln vorsichtig in die kochende Lösung. Insgesamt müssen die Teigkugeln 2 Minuten kochen. Wenden Sie die Kugeln nach der Hälfte der Zeit. Nehmen Sie die Kugeln nach den 2 Minuten heraus.

7 Schneiden Sie die Brötchen oben auf, sodass ein „X“ entsteht. Verquirlen Sie das Ei mit 1 TL Wasser. Bestreichen Sie die Brötchen mit dem verquirlten Ei. Bestreuen Sie die Brötchen nach Belieben mit grobem Salz oder anderweitigen Toppings.

8 Heizen Sie den Dampfbackofen auf 190 °C mit eingestelltem Dampfmodus vor.

9 Legen Sie die Laugenbrötchen in eine große eingefettete ofenfeste Pfanne oder einen ähnlichen Behälter.

10 Geben Sie die Laugenbrötchen für 8 – 12 Minuten in den Ofen. Nehmen Sie die Brötchen heraus, sobald die Bräune Ihrer Vorliebe entspricht.

BAGELS

8 Bagels 1 Std.. Schwer

Zutaten

450 g Weizenmehl
300 ml Wasser
2 TL Zucker
2 TL Trockenhefe
1 ½ TL Salz
1 Eiweiß
Toppings: Mohn, Sesam, Kürbiskerne etc.

Nährwerte p. P.

200 kcal,
41 g Kohlenhydrate,
1 g Fett,
7 g Eiweiß

1 Geben Sie das Wasser in eine große Schüssel und rühren Sie die Trockenhefe und den Zucker ein. Lassen Sie die Mischung ca. 5 Minuten stehen. Die Mischung sollte anfangen, leicht zu sprudeln.

2 Fügen Sie das Mehl und Salz hinzu. Verkneten Sie alles zu einem glatten Teig miteinander. Hierfür können Sie entweder eine Küchenmaschine, Knethaken oder die Hand verwenden. Der Teig ist gut, wenn er sich leicht von der Schüssel lösen lässt.

Tipp: Falls die Konsistenz noch nicht passend ist, können Sie entweder etwas mehr Mehl oder etwas mehr Wasser hinzufügen.

3 Stellen Sie den Dampfbackofen auf 38 °C mit 100 % Luftfeuchtigkeit.

4 Stellen Sie den Teig in einer ofenfesten Schüssel in den Dampfbackofen und lassen Sie diesen ca. 30 Minuten lang ruhen.

5 Bestreuen Sie die Arbeitsfläche mit etwas Mehl und legen Sie den Teig darauf. Kneten Sie den Teig einmal durch.

6 Heizen Sie den Dampfbackofen auf 100 °C mit einer Luftfeuchtigkeit von 100 % vor.

7 Teilen Sie den Teig in 8 gleich große Stücke. Rollen Sie die Teigstücke zu Kugeln und stechen Sie das Loch der Bagels mithilfe eines Kochlöffels aus. Die Löcher der Bagels sollten ca. 5 cm umfassen.

8 Belegen Sie ein Backblech mit Backpapier. Legen Sie die Bagels auf das Backblech. Achten Sie hierbei darauf, dass die Bagels genügend Platz haben, um aufzugehen. Ggf. ist es sinnvoll, zwei Backbleche zu verwenden.

9 Schieben Sie das Backblech in den Ofen und lassen Sie die Bagels ca. 6 Minuten lang backen. Nehmen Sie diese anschließend heraus.

10 Stellen Sie den Dampfbackofen auf 200 °C mit einer Luftfeuchtigkeit von 60 bis 70 %.

Tipp: Falls Sie bei Ihrem Dampfbackofen die Luftfeuchtigkeit nicht verändern können, können Sie die Kombidampffunktion verwenden.

11 Während der Ofen aufheizt, können Sie die Bagels auf der Oberseite mit Eiweiß bestreichen und anschließend nach Belieben mit Samen oder anderweitigen Toppings bestreuen.

12 Geben Sie die Bagels für weitere 10 - 15 Minuten in den Ofen. Die Bagels sind fertig, wenn sie goldbraun glänzen.

PITABROT

8 Brote

1 Std. 30 Min.

Mittel

Zutaten

325 g Weizenmehl
240 ml Wasser
2 EL Trockenhefe
2 EL Olivenöl
1 EL Zucker
1 EL Salz

Nährwerte p. P.

181 kcal,
30 g Kohlenhydrate,
4 g Fett,
5 g Eiweiß

1 Geben Sie alle Zutaten in eine große Schüssel und verkneten Sie die Masse zu einem Teig. Sie können dies entweder mit der Hand, Knethaken oder einer Küchenmaschine machen.

2 Fetten Sie eine große Schüssel ein und legen Sie den Teig hinein. Verschließen Sie die Schüssel mit Frischhaltefolie oder einem Handtuch und lassen Sie den Teig so lange gehen, bis sich das Volumen verdoppelt hat.

3 Heizen Sie den Dampfbackofen auf 230 °C auf. Nutzen Sie hierbei den Konvektionsmodus. Stellen Sie eine ofenfeste Pfanne in den Backofen.

4 Teilen Sie den Teig in 8 gleich große Stücke. Drücken Sie jedes Stück flach, sodass Fladen entstehen.

5 Bestäuben Sie die Arbeitsfläche mit Mehl. Decken Sie jeweils einen Fladen mit einem Handtuch oder Alufolie ab und rollen Sie den Teig mit einem Nudelholz flach.

6 Sobald der Ofen vorgeheizt ist, können Sie damit anfangen, die Pitabrote zu backen. Geben Sie hierzu jeweils einen Fladen in die Pfanne im Ofen. Stellen Sie den Timer auf 3 Minuten. Nehmen Sie das Pitabrot anschließend sofort heraus und wiederholen Sie diesen Schritt, bis alle Pitabrote fertig sind.

Tipp: Versuchen Sie, bei Schritt 6 die Backofentür nicht zu lange offen zu haben. Die Temperatur sinkt schnell und kann dadurch die Garzeit beeinflussen.

7 Geben Sie die fertigen Pitabrote in eine große Schüssel. Bedecken Sie die Schüssel mit Alufolie. Durch diesen Schritt wird das Pitabrot weich.

KNOBLAUCHBRÖTCHEN

8 Brötchen

40 Min.

Mittel

Zutaten

375 g Weizenmehl
295 ml Wasser
100 g Butter (weich)
2 Knoblauchzehen
1 Pck. Trockenhefe
1 Ei
2 EL Petersilie (gehackt)
2 EL Olivenöl
1 EL Kokosblütenzucker
1 EL Parmesan
1 EL Kürbiskerne (gehackt)
2 TL Knoblauchpulver
1 TL Salz

Nährwerte p. P.

326 kcal,
37 g Kohlenhydrate,
16 g Fett,
7 g Eiweiß

1 Vermischen Sie die Trockenhefe mit dem Wasser in einer Schüssel. Lassen Sie die Mischung 5 Minuten ruhen.

2 Vermengen Sie das Mehl, Salz, den Kokosblütenzucker, Parmesan, die Kürbiskerne und das Knoblauchpulver in einer anderen Schüssel miteinander.

3 Rühren Sie die Hefemischung und das Olivenöl unter die trockenen Zutaten. Kneten Sie den Teig ca. 5 - 10 Minuten, bis ein glatter Teig entsteht.

4 Decken Sie den Teig mit Alufolie oder einem Handtuch ab und lassen Sie den Teig ca. 1 Stunde lang ruhen.

5 Bestäuben Sie die Arbeitsfläche mit Mehl und legen Sie den Teig darauf. Kneten Sie den Teig gut durch.

6 Portionieren Sie den Teig in 8 gleich große Teigkugeln. Formen Sie den Teig nach Ihrem Belieben. Sie können den Teig zu einem Knoten, einer Kugel oder einem Kegel formen.

7 Heizen Sie den Backofen auf 220 °C mit einer niedrigen Dampffunktion vor.

8 Legen Sie die Brötchen auf ein mit Backpapier ausgelegtes Backblech. Bestreichen Sie die Brötchen ggf. mit Ei, um eine glänzende Optik zu erhalten.

9 Geben Sie die Brötchen für 10 - 12 Minuten in den Ofen.

10 Bereiten Sie währenddessen die Knoblauchbutter vor. Erwärmen Sie die Butter in einem Topf oder in der Mikrowelle. Füllen Sie geschmolzene Butter in eine Schüssel und fügen Sie die gehackte Petersilie und den gepressten Knoblauch hinzu. Vermischen Sie die Zutaten gut miteinander.

11 Nehmen Sie die Brötchen nach Ablauf der Zeit aus dem Ofen und bestreichen Sie die Brötchen mit der frischen Knoblauchbutter.

GEFÜLLTE BRÖTCHEN

10 Brötchen

2 Std. 20 Min.

Schwer

Zutaten

290 g Weizenmehl
170 ml Wasser
100 g Tomaten
100 g Hähnchenbrust
80 g Aubergine
50 g Frühlingszwiebeln
50 g Zuckererbsenschoten
50 g Karotte
30 ml Sojasauce
15 g Zucker
8 g Maisstärke
6 g Bierhefe (frisch)
5 ml Sesamöl
5 g Salz
Etwas Olivenöl
Salz, schwarzer Pfeffer

Nährwerte p. P.

171 kcal,
31 g Kohlenhydrate,
2 g Fett,
8 g Eiweiß

1 Geben Sie das Mehl, den Zucker, die Maisstärke und die Bierhefe in eine Schüssel und vermengen Sie die Zutaten.

2 Gießen Sie langsam das Wasser hinein und verkneten Sie den Teig zu einer homogenen Masse.

3 Fügen Sie das Salz und das Sesamöl hinzu und kneten Sie diese Zutaten ebenfalls in den Teig.

4 Decken Sie den Teig mit Plastikfolie ab und lassen Sie diesen ruhen.

5 Schneiden Sie die Frühlingszwiebel und die Tomaten in dünne Scheiben, die Aubergine und die Karotte in kleine Würfel und die Zuckererbsenschoten in dünne Streifen.

6 Geben Sie etwas Olivenöl in eine Pfanne und braten Sie zunächst die Frühlingszwiebeln darin an.

7 Fügen Sie das restliche Gemüse hinzu und braten Sie das Gemüse ca. 10 Minuten lang an.

8 Schneiden Sie währenddessen das Hähnchenfleisch in kleine Würfel. Braten Sie das Hähnchen ebenfalls 10 Minuten lang an. Würzen Sie mit etwas Salz und schwarzem Pfeffer. Geben Sie nach Ablauf der Zeit die Sojasauce hinzu und lassen Sie die Mischung einen Moment lang abkühlen.

9 Sobald die Füllung abgekühlt ist, können Sie den Teig herausnehmen. Rollen Sie den Teig zu einer langen Wurst und teilen Sie den Teig in 10 gleich große Stücke. Rollen Sie die Teigstücke zu Kugeln.

10 Nehmen Sie eine Kugel und bedecken Sie diese mit einem Handtuch. Rollen Sie die Kugel mithilfe eines Nudelholzes zu einem dünnen Kreis aus. Geben Sie etwas Füllung in die Mitte des Kreises und heben Sie anschließend die Ränder zur Mitte, sodass Sie den Teig wieder zu einer Kugel schließen können. Wiederholen Sie dieses Vorgehen mit allen Teigkugeln.

11 Legen Sie die Brötchen auf ein mit Backpapier belegtes Blech. Bedecken Sie das Backblech mit einem Handtuch und lassen Sie es ca. 20 Minuten lang ruhen.

12 Heizen Sie den Backofen auf 100 °C mit 100 % Luftfeuchtigkeit vor.

13 Geben Sie das Backblech in den Ofen und lassen Sie die Brötchen ca. 15 Minuten garen. Servieren Sie die Brötchen sofort nach dem Backen.

FOCACCIA MIT LACHS

1 Brot (10 Stücke)

3 Std. 10 Min.

Mittel

Zutaten

300 g Brotmehl
230 ml Wasser
150 g Kirschtomaten
100 g Lachs (geräuchert)
100 g Paprika
50 g Joghurt
50 g Frischkäse
50 g Rucola
20 ml Olivenöl
10 g Bierhefe
1 TL Kardamom
1 Prise Salz
Etwas Rosmarin (frisch)

Nährwerte p. P.

282 kcal
44 g Kohlenhydrate
4 g Fett
13 g Eiweiß

1 Geben Sie das Mehl, Kardamom, die Hefe, den Joghurt, Salz und das Olivenöl in eine Schüssel. Vermengen Sie alles miteinander.

2 Fügen Sie das Wasser hinzu und vermischen Sie alles miteinander.

3 Decken Sie die Schüssel mit einem Handtuch zu und lassen Sie den Teig 2 Stunden lang ruhen.

4 Legen Sie ein Backblech mit Backpapier aus und verteilen Sie darauf etwas Olivenöl.

5 Geben Sie den Teig auf das Backblech und rollen Sie den Teig wie eine dickere Pizza aus.

6 Halbieren Sie die Kirschtomaten, schneiden Sie die Paprika in dünne Streifen und zupfen Sie den Rosmarin vom Stiel ab. Legen Sie die Zutaten auf den Teig.

7 Heizen Sie den Dampfbackofen auf 200 °C mit niedriger Dampffunktion vor.

8 Geben Sie die Focaccia in den Backofen und lassen Sie sie 20 - 25 Minuten darin garen. Je nach Backofen kann die Garzeit variieren.

9 Nehmen Sie die Focaccia anschließend heraus und servieren Sie sie mit geräuchertem Lachs, Rucola und Frischkäse.

BURGERBRÖTCHEN

12 Brötchen

2 Std.

Mittel

Zutaten

500 g Mehl
150 ml Wasser
130 ml Buttermilch
80 g Butter (flüssig)
15 g Zucker
1 Ei
1 Eigelb
½ Hefewürfel
2 TL Salz
Etwas Sesam

Nährwerte p. P.

213 kcal,
31 g Kohlenhydrate,
7 g Fett,
5 g Eiweiß

1 Geben Sie den Hefewürfel, 100 ml Wasser, den Zucker, die Buttermilch, 1 Ei, das Mehl, die flüssige Butter und das Salz in eine große Schüssel. Verkneten Sie die Zutaten zu einem glatten Teig. Dies können Sie entweder mit der Hand oder mithilfe einer Küchenmaschine machen.

2 Decken Sie die Schüssel mit einem Handtuch ab und lassen Sie den Teig ca. 1 Stunde ruhen.

3 Teilen Sie die Teigkugel in 12 gleich große Stücke. Hierbei können Sie zur Orientierung nehmen, dass jedes Teigstück ca. 80 g schwer sein sollte. Formen Sie die Teigstücke zu glatten Kugeln.

4 Belegen Sie ein Backblech mit etwas Backpapier. Legen Sie die Teigkugeln auf das Backblech und pressen Sie diese mit der Hand flach.

Tipp: Falls der Teig zu klebrig ist, können Sie Ihre Hand etwas bemehlen.

5 Bedecken Sie das Backblech mit einem Handtuch und lassen Sie die Burgerbrötchen 15 Minuten lang ruhen.

6 Verrühren Sie 50 ml Wasser mit dem Eigelb und bestreichen Sie damit die Burgerbrötchen. Geben Sie nach Belieben Sesam obendrauf.

7 Heizen Sie den Dampfbackofen auf Ober- und Unterhitze mit 190 °C und 30 % Luftfeuchtigkeit (oder niedriger Dampfzugabe) vor.

8 Geben Sie die Burgerbrötchen für ca. 14 - 18 Minuten in den Backofen. Lassen Sie die Brötchen anschließend abkühlen.

KNÄCKEBROT

1 Backblech (ca. 15 Knäckebrote)

1 Std. 40 Min.

Mittel

Zutaten

165 ml Wasser
40 g Dinkelmehl (Typ 630)
40 g Haferflocken
15 g Sonnenblumenkerne
15 g Leinsamen
1 EL Olivenöl
½ TL Salz

Nährwerte p. P.

38 kcal,
4 g Kohlenhydrate,
2 g Fett,
1 g Eiweiß

1 Vermengen Sie alle Zutaten in einer großen Schüssel, bis ein homogener Teig entsteht.

2 Lassen Sie den Teig ca. 15 Minuten ruhen.

3 Heizen Sie den Dampfbackofen auf 170 °C mit aktivierter Heißluftfunktion vor.

4 Nehmen Sie ein antihaftbeschichtetes, oder alternativ mit Backpapier ausgelegtes, Backblech. Streichen Sie den kompletten Teig darauf. Achten Sie darauf, dass die Oberfläche möglichst glatt ist.

5 Geben Sie das Backblech für 15 Minuten in den Ofen.

6 Nehmen Sie das Backblech heraus und schneiden Sie den Teig in mehrere Rechtecke.

7 Geben Sie das Backblech erneut in den Ofen und backen Sie das Knäckebrot weitere 40 - 45 Minuten.

Salate

REISSALAT MIT FETA

4 Port.

1 Std.
10 Min.

Mittel

Zutaten

750 ml Wasser
400 g brauner Reis
100 g Feta
100 g Cranberrys (getrocknet)
60 ml Olivenöl
60 ml Reisweinessig
50 g Pistazien (gehackt)
1 Bund Petersilie
1 Bund Minze
1 EL Harissa-Paste
2 TL Zitrone (Abrieb und Saft)

Nährwerte p. P.

720 kcal,
97 g Kohlenhydrate,
29 g Fett,
15 g Eiweiß

1 Waschen Sie den Reis in mehreren Durchgängen gründlich mit Wasser ab.

2 Geben Sie das Wasser in eine große Edelstahlschüssel und fügen Sie den Reis hinzu.

3 Heizen Sie den Dampfbackofen auf 100 °C mit 100 % Luftfeuchtigkeit vor.

4 Stellen Sie die Edelstahlschüssel auf ein Backblech oder Rost und schieben Sie es in den Ofen. Lassen Sie den Reis ca. 40 - 45 Minuten garen.

5 Nehmen Sie nach Ablauf der Garzeit die Schüssel aus dem Ofen. Lockern Sie den Reis mit einer Gabel auf und lassen Sie ihn abkühlen.

6 Vermengen Sie in einer anderen Schüssel das Öl, den Essig, den Zitronenabrieb und -saft sowie die Harissa-Paste miteinander.

7 Geben Sie den Reis in die Schüssel, in der Sie ihn servieren wollen. Rühren Sie die Cranberrys unter und mischen Sie anschließend das Dressing unter. Lassen Sie den Salat bis zum Verzehr im Kühlschrank ruhen.

8 Rühren Sie kurz vor dem Verzehr die gehackte Minze und Petersilie unter. Streuen Sie die Pistazien und den Feta ganz zum Schluss obendrauf.

ANANAS-HIMBEER-SALAT

4 Port.

20 Min.

Leicht

Zutaten

150 g Himbeeren
100 ml Wasser
50 g Walnüsse
30 g Goji-Beeren
1 Ananas
1 Zweig Minze

Nährwerte p. P.

198 kcal,
23 g Kohlenhydrate,
9 g Fett,
4 g Eiweiß

1 Entfernen Sie die Blätter und die Schale der Ananas. Schneiden Sie das Fruchtfleisch in Halbringe.

2 Legen Sie die Ananas in den Dampfgareinsatz und fügen Sie ebenfalls 100 ml Wasser sowie die Goji-Beeren hinzu.

3 Heizen Sie den Dampfbackofen auf 80 °C mit aktivierter Dual Steam-Funktion vor.

4 Verschließen Sie den Dampfgareinsatz mit dem passenden Deckel und stellen Sie den Einsatz ca. 9 Minuten in den Ofen.

5 Geben Sie die Himbeeren in einen tiefen Teller und zerdrücken Sie diese mithilfe einer Gabel. Zerdrücken Sie die Walnüsse mit der Hand oder hacken Sie die Walnüsse grob klein. Zupfen Sie die Minzblätter vom Zweig ab.

6 Verteilen Sie erst das Himbeerpüree auf den Tellern. Legen Sie anschließend die Ananasscheiben und die Goji-Beeren darauf und toppen Sie den Salat mit den Walnüssen und der Minze.

KÜRBISSALAT

4 Port. 25 Min. Leicht

Zutaten

100 g Frischkäse
12 Walnüsse
1 Frühlingszwiebel
½ Butternusskürbis
10 EL Olivenöl
6 EL Apfelessig
1 EL Honig
1 EL Senf
Salz, Pfeffer

Nährwerte p. P.

528 kcal,
10 g Kohlenhydrate,
52 g Fett,
5 g Eiweiß

1 Schneiden Sie den Butternusskürbis in mundgerechte Stücke. Geben Sie den Kürbis mit 4 EL Olivenöl und etwas Salz und Pfeffer in eine Auflaufform.

2 Heizen Sie den Dampfbackofen auf 100 °C vor.

3 Geben Sie die Auflaufform ca. 12 Minuten in den Backofen.

4 Hacken Sie die Walnüsse und schneiden Sie die Frühlingszwiebel in dünne Ringe.

5 Vermischen Sie in einer extra Schüssel den Honig, 6 EL Olivenöl, den Apfelessig und den Senf. Probieren Sie das Dressing und würzen Sie ggf. mit etwas Salz und Pfeffer nach.

6 Geben Sie den Kürbis in eine große Schüssel. Fügen Sie die Frühlingszwiebeln und das Dressing hinzu und verrühren Sie alles gut miteinander.

7 Verteilen Sie den Salat auf Teller und garnieren Sie den Kürbissalat mit dem Frischkäse und den Walnüssen.

WASSERMELONEN-FETA-SALAT

4 Port.

3 Std.

Mittel

Zutaten

500 g Cherrytomaten
400 g Feta
200 g Blaubeeren
6 Zweige Minze
1 Wassermelone (klein)
1 Limette
1 Gurke
6 EL Zucker
2 TL brauner Zucker
Etwas Olivenöl, Balsamico-Öl, Limettensaft
Salz, Pfeffer

Nährwerte p. P.

462 kcal,
48 g Kohlenhydrate,
20 g Fett,
20 g Eiweiß

1 Schneiden Sie die Wassermelone in mundgerechte Würfel.

2 Geben Sie die Wassermelone gemeinsam mit dem Saft einer Limette, 2 TL braunem Zucker und 4 Zweigen Minze in einen verschließbaren Beutel. Geben Sie den Beutel für mindestens 2 Stunden in den Kühlschrank.

3 Halbieren Sie die Cherrytomaten und legen Sie diese auf ein mit Backpapier ausgelegtes Backblech. Streuen Sie den Zucker darüber und vermengen Sie beides miteinander.

4 Heizen Sie den Dampfbackofen auf 180 °C mit der Funktion Heißluft mit Beschwaden vor.

5 Lassen Sie die Cherrytomaten ca. 10 Minuten im Backofen garen.

6 Schneiden Sie den Feta und die Gurke in mundgerechte Stücke und hacken Sie die restliche Minze klein. Geben Sie die Zutaten gemeinsam mit den Blaubeeren in eine große Schüssel und vermengen Sie alles gut miteinander.

7 Vermengen Sie für das Dressing nach Gefühl Olivenöl, Balsamico-Öl, Limettensaft, Salz und Pfeffer. Sie können auch weitere Gewürze hinzufügen.

8 Geben Sie die marinierte Wassermelone und die Cherrytomaten ebenfalls in die Schüssel. Fügen Sie das Dressing hinzu und schmecken Sie den Salat ab.

KARTOFFELSALAT MIT SPECK

4 Port.

3 Std.

Mittel

Zutaten

600 g Kartoffeln (festkochend)
150 ml Brühe
100 g Speck (Scheiben)
50 ml Sonnenblumenöl
50 ml Weißweinessig
50 g Butter
3 Zweige Petersilie
2 Zwiebeln
1 EL Senf (mittelscharf)
Etwas Butter
Salz, Pfeffer

Nährwerte p. P.

428 kcal,
31 g Kohlenhydrate,
29 g Fett,
9 g Eiweiß

1 Schälen Sie die Kartoffeln und schneiden Sie diese entweder in Scheiben oder Würfel.

2 Heizen Sie den Dampfbackofen auf 100 °C mit aktivierter Dampfgarfunktion vor.

3 Geben Sie die Kartoffeln auf ein Backblech und lassen Sie diese 12 - 14 Minuten im Ofen garen. Je nach Ofen kann die Garzeit der Kartoffeln variieren.

4 Schneiden Sie den Speck klein und würfeln Sie die Zwiebeln.

5 Geben Sie etwas Butter in eine Pfanne und braten Sie darin die Zwiebel und den Speck ca. 3 Minuten an.

6 Löschen Sie mit der Brühe und dem Weißweinessig ab und rühren Sie den Senf unter. Reduzieren Sie die Hitze und lassen Sie es 3 weitere Minuten köcheln.

7 Fügen Sie das Sonnenblumenöl hinzu und verrühren Sie alles miteinander.

8 Geben Sie die Kartoffeln in eine große Schüssel und schütten Sie die Mischung aus der Pfanne darüber. Vermengen Sie alles miteinander.

9 Schmecken Sie den Salat mit Salz und Pfeffer ab und lassen Sie den Salat mindestens 2 Stunden lang im Kühlschrank ziehen.

10 Hacken Sie die Petersilie und rühren Sie diese kurz vor dem Servieren unter.

KAROTTEN-FENCHEL-SALAT

4 Port. 40 Min. Leicht

Zutaten

6 Karotten
2 Fenchelknollen
2 rote Zwiebeln
2 Zweige Minze
½ Paprika
1 TL Zitronensaft
Etwas Olivenöl, Sesamkerne, Sonnenblumenkerne, Balsamicoessig
Salz, Pfeffer, Chiliflocken

Nährwerte p. P.

124 kcal,
15 g Kohlenhydrate,
4 g Fett,
5 g Eiweiß

1 Schneiden Sie die Karotten, den Fenchel, die Paprika und die Zwiebeln in mundgerechte Stücke.

2 Belegen Sie ein Backblech mit Backpapier und geben Sie das Gemüse darauf. Würzen Sie mit Salz, Pfeffer und Chiliflocken.

3 Heizen Sie den Dampfbackofen auf 210 °C mit der Funktion Heißluft mit Beschwaden vor.

4 Geben Sie das Gemüse für 18 - 20 Minuten in den Ofen.

5 Rösten Sie die Sesamkerne und die Sonnenblumenkerne in einer kleinen Pfanne an und stellen Sie diese anschließend beiseite.

6 Geben Sie das fertige Gemüse in eine große Schüssel. Schmecken Sie das Gemüse mit dem Balsamicoessig, dem Zitronensaft, Olivenöl und Gewürzen ab.

7 Servieren Sie den Salat mit den Minzblättern sowie den Sesam- und Sonnenblumenkernen als Topping.

Hauptgerichte mit Fleisch und Geflügel

HACKBÄLLCHEN

30 Bällchen.

35 Min.

Leicht

Zutaten

500 g Hackfleisch
150 g Brötchen (1 Tag alt)
2 Zwiebeln
1 Ei
1 Bund Petersilie
2 TL Öl
Etwas Wasser
Salz, Pfeffer, geräuchertes Paprikapulver

Nährwerte p. P.

60 kcal,
3 g Kohlenhydrate,
4 g Fett,
4 g Eiweiß

1 Halbieren Sie die Brötchen. Geben Sie die Brötchen in eine Schüssel und schütten Sie so viel Wasser hinzu, bis die Brötchen komplett bedeckt sind. Lassen Sie die Brötchen ca. 10 Minuten einweichen und schütten Sie das Wasser anschließend aus.

2 Schneiden Sie die Zwiebel in kleine Würfel. Geben Sie etwas Öl in eine Pfanne und braten Sie die Zwiebeln darin kurz an.

3 Geben Sie das Hackfleisch, Ei, die gehackte Petersilie, die Brötchen, Zwiebeln und die Gewürze in eine große Schüssel. Vermengen Sie die Masse entweder mit oder ohne Handschuhe.

4 Stellen Sie die Mischung in den Kühlschrank und lassen Sie diese 30 Minuten lang ruhen.

5 Stellen Sie ein gelochtes Backblech auf ein herkömmliches Backblech. Fetten Sie das gelochte Backblech mit Öl ein.

6 Formen Sie aus dem Hackfleisch kleine Hackbällchen und legen Sie diese auf das gelochte Backblech.

7 Heizen Sie den Dampfbackofen auf 220 °C mit eingeschalteter Heißluft- und mittlerer Dampffunktion vor.

8 Schieben Sie das gelochte Backblech auf der mittleren Schiene in den Ofen. Schieben Sie das herkömmliche Backblech eine Schiene tiefer.

9 Lassen Sie die Hackbällchen 15 - 20 Minuten im Ofen.

Tipp: Schneiden Sie die Hackbällchen zur Probe auf. Falls die Hackbällchen noch nicht durch sind, erhöhen Sie die Garzeit.

GEDÄMPFTER REIS MIT HÜHNCHEN

4 Port.

1 Std. 20 Min.

Mittel

Zutaten

700 ml Wasser
460 g Basmatireis
350 g TK Gemüse (Erbsen, Mais, Karotten etc.)
220 g Hähnchenschenkel (ohne Knochen)
60 ml Tomatensoße
60 ml Öl
2 TL Hühnerbrühe
1 TL Knoblauchpulver
1 TL Ingwerpulver
1 TL geräuchertes Paprikapulver
½ TL Zwiebelpulver
½ TL Salz

Nährwerte p. P.

694 kcal,
97 g Kohlenhydrate,
23 g Fett,
24 g Eiweiß

1 Schneiden Sie das Hähnchenfleisch in mundgerechte Würfel. Nehmen Sie das TK Gemüse heraus und lassen Sie es auftauen.

2 Waschen Sie den Reis in mehreren Durchgängen ab, bis das durchgelaufene Wasser fast klar ist.

3 Nehmen Sie ein tiefes Blech und geben Sie alle Zutaten, außer dem TK Gemüse, hinein. Vermischen Sie alle Zutaten gut miteinander.

4 Heizen Sie den Dampfbackofen auf 100 °C mit aktivierter Dampffunktion vor.

5 Geben Sie das Blech in den Ofen und lassen Sie es ca. 1 Stunde lang garen.

6 Waschen Sie das TK Gemüse in einem Sieb kurz ab.

7 Nehmen Sie das Blech aus dem Ofen und geben Sie das Gemüse darüber. Mischen Sie das Gemüse unter den Reis. Lassen Sie den Reis ca. 2 Minuten lang ruhen.

8 Schmecken Sie den Reis mit Gewürzen ab und testen Sie, ob das Gemüse ausreichend durch ist.

Tipp: Falls das Gemüse noch kalt ist, können Sie das Backblech für weitere 5 Minuten in den Ofen geben.

RINDERROULADEN

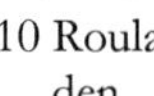

10 Rouladen

2 Std. 30 Min.

Schwer

Zutaten

1 l Brühe
70 g Tomatenmark
10 Rinderrouladen
10 Scheiben Speck
5 Karotten
4 Essiggurken
2 Zwiebeln
1 Stange Staudensellerie
Etwas Senf
Salz, Pfeffer

Nährwerte p. P.

334 kcal,
6 g Kohlenhydrate,
14 g Fett,
45 g Eiweiß

1 Schälen Sie die Karotten. Schneiden Sie 3 Karotten in dünne Stifte und die anderen 2 Karotten in grobe Würfel.

2 Schneiden Sie die Essiggurken und 1 Zwiebel in Streifen. Würfeln Sie die zweite Zwiebel und den Staudensellerie.

3 Waschen Sie die Rouladen ab und trocknen Sie diese anschließend in Küchenrolle.

4 Bestreichen Sie die Innenseite der Rouladen mit Senf und würzen Sie mit etwas Salz und Pfeffer.

5 Belegen Sie die Rollen mit dem Speck, den Gurken, Karottenstiften und den Zwiebelstreifen. Rollen Sie die Rouladen fest zusammen und verschließen Sie sie mit einem Metallstab, sodass diese sich nicht mehr aufrollen.

6 Geben Sie das Tomatenmark und die Brühe in eine große Auflaufform oder ein tiefes Backblech. Vermischen Sie beides, bis sich das Tomatenmark aufgelöst hat, und legen Sie anschließend das übrige Gemüse hinein. Fügen Sie zum Schluss die Rouladen hinzu.

7 Heizen Sie den Dampfbackofen auf Ober- und Unterhitze 170 °C mit mittlerer Dampfzugabe vor.

8 Schieben Sie die Backform in den Ofen und lassen Sie die Rouladen 90 - 115 Minuten garen. Die Gardauer kann je nach Ofen variieren.

Tipp: Zusätzlich zu den Rouladen können Sie auch Kartoffeln oder Rotkohl servieren.

KRÄUTERHÄHNCHEN

4 Port.

55 Min.

Mittel

Zutaten

1 Brathähnchen
1 Zitrone
2 EL Kräuterbutter
Gewürze nach Geschmack

Nährwerte p. P.

402 kcal,
0 g Kohlenhydrate,
21 g Fett,
52 g Eiweiß

1 Spülen Sie das Hähnchen unter laufendem Wasser ab.

2 Trocknen Sie das Hähnchen mit etwas Küchenrolle ab und befreien Sie es von anderweitigen Überresten, wie bspw. Innereien oder Fett.

3 Gehen Sie mit der Hand unter die Haut und lockern Sie das Hähnchen auf.

4 Nehmen Sie die Kräuterbutter in Ihre Hand und bestreichen Sie damit erst die innere Haut des Hähnchens und anschließend auch die äußere Haut. Fügen Sie ggf. noch andere Gewürze hinzu.

5 Heizen Sie den Dampfbackofen auf Umluft 190 °C mit starker Dampfzugabe vor.

6 Legen Sie das Hähnchen auf einen Rost und schieben Sie es in den Ofen. Um das tropfende Fett aufzufangen, können Sie ein Backblech unter das Rost schieben. Lassen Sie das Hähnchen 40 - 50 Minuten im Ofen garen.

7 Pressen Sie vor dem Servieren die Zitrone über dem Hähnchen aus.

WÜRZIGE RINDERRIPPEN

4 Port.

6 Std.

Mittel

Zutaten

1,2 kg Rinderrippen
125 ml Wasser
125 ml Sojasauce
110 g brauner Zucker
5 g Ingwer
4 Knoblauchzehen
3 Stücke Sternanis
1 Chilischote (rot)

Nährwerte p. P.

646 kcal,
36 g Kohlenhydrate,
28 g Fett,
62 g Eiweiß

1 Pressen Sie die Knoblauchzehen und schneiden Sie die Chilischote in feine Scheiben.

Tipp: Entfernen Sie bei der Chilischote die Kerne, wenn Sie scharfes Essen nicht so gut vertragen.

2 Geben Sie alle Zutaten, außer den Rippchen, in eine große Auflaufform und vermischen Sie alles miteinander.

3 Fügen Sie die Rippchen hinzu und wälzen Sie diese, sodass die Rippchen sich von der Marinade verfärben.

4 Stellen Sie die Auflaufform für mindestens 2 Stunden in den Kühlschrank, sodass die Marinade einziehen kann.

Tipp: Die Rippchen werden nicht vollständig von der Marinade bedeckt, weswegen Sie die Rippchen nach einer Stunde nochmals in der Marinade wälzen können.

5 Heizen Sie den Dampfbackofen auf 120 °C mit einer Luftfeuchtigkeit von 60 bis 80 % vor.

6 Verteilen Sie die Rippchen auf einem Backblech und geben Sie dieses für ca. 3 ½ Stunden in den Backofen. Wenden Sie die Rippchen in einem einstündigen Takt, sodass alle Seiten ca. die gleiche Zeit nach oben zeigen.

Tipp: Falls Ihr Dampfbackofen über keinen Wasseranschluss verfügt, kann es sein, dass Sie während des Backens den Wassertank nachfüllen müssen.

7 Servieren Sie die Rippchen mit etwas Reis oder gedünstetem Gemüse.

NUDEL-SCHINKEN-AUFLAUF

4 Port.

40 Min.

Leicht

Zutaten

750 ml Gemüsebrühe
500 g Makkaroni
250 g Kochschinken
250 ml Sahne
150 ml Weißwein
150 g geriebener Käse (Mozzarella, Gouda etc.)
1 Zwiebel
1 Lauchstange
Salz, Pfeffer, Muskatnuss

Nährwerte p. P.

769 kcal,
93 g Kohlenhydrate,
23 g Fett,
38 g Eiweiß

1 Heizen Sie den Dampfbackofen auf 200 °C mit 100 % Luftfeuchtigkeit vor.

2 Schneiden Sie die Zwiebel und den Schinken in feine Würfel und den Lauch in dünne Ringe.

3 Geben Sie alle flüssigen Zutaten in eine große Auflaufform und vermengen Sie diese miteinander.

4 Fügen Sie die festen Zutaten (außer den Käse) hinzu und vermengen Sie diese ebenfalls miteinander.

5 Würzen Sie nach Gefühl mit Salz, Pfeffer und Muskatnuss. Streuen Sie zum Schluss den Käse obendrauf.

6 Geben Sie den Auflauf für ca. 25 - 30 Minuten in den Backofen.

Tipp: Testen Sie vor dem Herausnehmen, ob die Nudeln durch sind. Je nach Marke und Dicke der Nudeln kann die Garzeit stark variieren.

LAMMBRATEN IN ROTWEINSOẞE

4 Port.

3 Std.

Schwer

Zutaten

2 kg Lammbraten (ohne Knochen)
240 ml Hühnerbrühe
240 ml Rotwein
10 Knoblauchzehen
6 Zweige Thymian
6 Zweige Rosmarin
4 EL brauner Zucker
2 EL Senf
1 EL Butter
1 EL Olivenöl
Salz, schwarzer Pfeffer

Nährwerte p. P.

970 kcal,
24 g Kohlenhydrate,
47 g Fett,
102 g Eiweiß

1 Vermengen Sie das Öl, den Senf, 2 EL braunen Zucker und etwas Salz und Pfeffer in einer großen Schüssel miteinander.

2 Geben Sie das Lamm ebenfalls in die Schüssel. Drehen Sie den Lammbraten in der Schüssel, sodass alles mit der Marinade bedeckt ist. Lassen Sie den Braten ca. 20 Minuten lang im Kühlschrank marinieren.

3 Heizen Sie den Dampfbackofen auf 180 °C mit niedriger Dampfeinstellung vor.

4 Fixieren Sie den Braten mit Küchengarn und legen Sie den Braten in eine Auflaufform.

5 Vermischen Sie die Marinade mit den gepressten Knoblauchzehen, dem abgezupften Thymian und Rosmarin und der Brühe. Schütten Sie diese Mischung zu dem Lammbraten. Streuen Sie den restlichen braunen Zucker über den Lammbraten.

6 Lassen Sie den Braten ca. 2 Stunden und 20 Minuten im Ofen garen.

7 Nehmen Sie den Braten nach dem Backen aus der Auflaufform. Geben Sie 1 EL Butter und etwas Olivenöl in eine Pfanne und braten Sie den Lammbraten darin von jeder Seite kurz an, sodass der Braten goldbraun wird.

8 Schütten Sie den übrig gebliebenen Bratensaft aus der Auflaufform in einen kleinen Topf und fügen Sie Rotwein hinzu. Lassen Sie die Soße ca. 10 Minuten bei niedriger Hitze köcheln. Würzen Sie mit etwas Salz und Pfeffer.

9 Schneiden Sie den Lammbraten in Scheiben und servieren Sie diesen zusammen mit der Rotweinsoße.

BRATKARTOFFELN MIT SPECK

4 Port.

1 Std. 15 Min.

Leicht

Zutaten

500 g Kartoffeln
250 g Speckwürfel
150 g Allgäuer Bergkäse
2 Zwiebeln
Etwas Öl
Salz, Pfeffer

Nährwerte p. P.

458 kcal,
24 g Kohlenhydrate,
29 g Fett,
24 g Eiweiß

1 Schneiden Sie die Zwiebeln in kleine Würfel.

2 Erhitzen Sie etwas Öl in einer Pfanne und braten Sie darin die Zwiebeln und den Speck ca. 10 Minuten an.

3 Schneiden Sie die Kartoffeln in Scheiben und spülen Sie diese anschließend mit kaltem Wasser ab, um die Stärke herauszuwaschen.

4 Heizen Sie den Dampfbackofen auf 140 °C mit aktivierter Kombidampffunktion vor.

5 Legen Sie die Kartoffeln auf ein mit Backpapier belegtes Blech und backen Sie die Kartoffeln ca. 20 - 25 Minuten im Backofen.

6 Geben Sie die Kartoffeln anschließend gemeinsam mit dem Speck und den Zwiebeln in eine Auflaufform. Geben Sie den Bergkäse obendrauf.

7 Heizen Sie den Dampfbackofen auf 200 °C mit aktivierter Dampffunktion vor.

8 Geben Sie die Backform für weitere 15 Minuten in den Backofen. Würzen Sie vor dem Servieren mit Salz und Pfeffer.

SPANFERKEL MIT BANANE

8 Port.

12 Std.

Schwer

Zutaten

4 kg Spanferkel
50 ml Weißweinessig
4 Bananen
2 Orangen (ausgepresst)
3 EL Zucker
Etwas Olivenöl
Salz, Pfeffer

Nährwerte p. P.

1.074 kcal,
20 g Kohlenhydrate,
65 g Fett,
101 g Eiweiß

1 Holen Sie sich ein in Stücke geschnittenes Spanferkel (Beine, Rücken, Rippen).

2 Würzen Sie das Spanferkel mit Salz und Pfeffer und etwas Olivenöl. Geben Sie das Spanferkel in eine Vakuumverpackung.

3 Stellen Sie den Dampfbackofen auf 75 °C und garen Sie das Spanferkel darin 10 Stunden lang.

4 Lassen Sie das Spanferkel nach dem Garen abkühlen und heben Sie den ausgetretenen Saft auf.

5 Schälen Sie die Bananen und schneiden Sie diese in Stücke.

6 Geben Sie die Bananen mit 2 oder 3 EL Zucker in eine Pfanne und lassen Sie den Zucker karamellisieren. Nehmen Sie die Bananen anschließend heraus.

7 Schütten Sie in dieselbe Pfanne den Saft der Orangen, den ausgetretenen Saft und den Weißweinessig. Lassen Sie die Mischung aufkochen und stellen Sie diese anschließend beiseite.

8 Geben Sie etwas Olivenöl in eine Pfanne und braten Sie das Spanferkel darin an, bis die Stücke von außen knusprig werden.

9 Servieren Sie das Spanferkel zusammen mit der Banane und der Orangensoße.

KARTOFFELGRATIN MIT ENTE

4 Port.

40 Min.

Leicht

Zutaten

400 ml Sahne
15 g Butter
11 Kartoffeln
2 ½ Schalotten
1 ½ Pck. Entenbrust (geräuchert)
Salz, Pfeffer

Nährwerte p. P.

574 kcal,
41 g Kohlenhydrate,
38 g Fett,
14 g Eiweiß

1 Schälen Sie die Kartoffeln und schneiden Sie diese in dünne Scheiben.

2 Hacken Sie die Schalotten klein. Geben Sie die Butter in einen Topf und braten Sie darin die Schalotten an. Lassen Sie die Schalotten nicht zu dunkel werden.

3 Schneiden Sie die Entenbrust ggf. etwas kleiner.

4 Heizen Sie den Dampfbackofen auf 160 °C mit aktiviertem Kombidampfmodus vor.

5 Stapeln Sie in einer Auflaufform abwechselnd die Kartoffeln, Schalotten und die Entenbrust.

6 Fügen Sie die Sahne hinzu und würzen Sie nach Bedarf mit Salz und Pfeffer.

7 Lassen Sie das Kartoffelgratin für ca. 25 - 30 Minuten im Ofen.

Tipp: Probieren Sie vor dem Herausnehmen eine Kartoffel, um zu testen, ob sie bereits gar sind.

BLUMENKOHL-KALBS-AUFLAUF

4 Port.

1 Std.

Mittel

Zutaten

800 g Kartoffelpüree
750 g Kalbshackfleisch
700 ml Béchamelsoße
150 g geriebener Käse (Mozzarella, Gouda etc.)
3 Lauchstangen
1 Schalotte
1 Blumenkohl
1 TL Thymian
Salz, Pfeffer

Nährwerte p. P.

933 kcal,
47 g Kohlenhydrate,
55 g Fett,
58 g Eiweiß

1 Schneiden Sie den Lauch in Ringe, den Blumenkohl in kleine Röschen und die Schalotte in Würfel. Geben Sie das Gemüse in einen Dampfgareinsatz.

2 Heizen Sie den Dampfbackofen auf 100 °C mit aktivierter Dampffunktion vor.

3 Geben Sie das Gemüse in den Backofen und lassen Sie es 10 - 15 Minuten garen.

4 Vermengen Sie die Béchamelsoße mit 75 g geriebenem Käse.

5 Rühren Sie das Kartoffelpüree gut durch.

6 Nehmen Sie eine Auflaufform und geben Sie das Hackfleisch hinein. Würzen Sie das Hackfleisch mit Salz, Pfeffer und dem Thymian. Drücken Sie das Hackfleisch sanft platt.

7 Geben Sie auf das Hackfleisch das Kartoffelpüree, dann das gegarte Gemüse und anschließend die Béchamelsoße. Verteilen Sie zum Schluss den restlichen Käse obendrauf.

8 Heizen Sie den Dampfbackofen auf 190 °C mit schwachem Dampf vor.

9 Geben Sie den Auflauf für 20 - 25 Minuten in den Backofen.

SCHWEINEFILET MIT KARTOFFELN

4 Port.

1 Std.

Mittel

Zutaten

8 Kartoffeln (mittelgroß)
2 Paprika
1 Knoblauchzehe
1 Schweinefilet
1 Frühlingszwiebel
2 EL Olivenöl
1 TL Paprika
1 TL Kräuter der Provence
½ TL Paprikapulver
½ TL Koriander
½ TL Kreuzkümmel
1 Prise Salz
1 Prise Pfeffer

Nährwerte p. P.

503 kcal,
34 g Kohlenhydrate,
13 g Fett,
59 g Eiweiß

1 Schälen Sie die Kartoffeln und schneiden Sie diese in Spalten. Schneiden Sie die Paprika, Frühlingszwiebel und den Knoblauch in dünne Streifen.

2 Geben Sie das Gemüse in eine große Schüssel und fügen Sie die Gewürze (außer den Kräutern der Provence) und das Öl hinzu. Rühren Sie das Gemüse so lange um, bis es gut mit der Marinade bedeckt ist.

3 Legen Sie das Schweinefilet in eine große Auflaufform oder in ein tiefes Backblech. Streuen Sie die Kräuter der Provence über das Filet.

4 Verteilen Sie das Gemüse um das Schweinefilet herum.

5 Heizen Sie den Dampfbackofen auf 190 °C mit aktivierter Dampffunktion vor.

6 Geben Sie die Backform in den Ofen und lassen Sie das Filet und Gemüse ca. 40 – 45 Minuten garen.

GEBACKENER SCHINKEN

4 Port.

1 Std. 10 Min.

Mittel

Zutaten

2 kg Schinken (mit Schwarte)
12 Wacholderbeeren
2 Knoblauchzehen
1 Zweig Petersilie
1 Zweig Rosmarin
Salz, Pfeffer

Nährwerte p. P.

1.037 kcal,
7 g Kohlenhydrate,
66 g Fett,
103 g Eiweiß

1 Hacken Sie die Petersilie, Knoblauchzehen, den Rosmarin und die Wacholderbeeren klein.

2 Fixieren Sie den Schinken mit Küchengarn, sodass das Fleisch seine Form beibehält.

3 Geben Sie nach Belieben Salz, Pfeffer und die gehackten Kräuter über den Schinken. Massieren Sie die Gewürze mit der Hand ein, sodass diese besser daran haften bleiben.

4 Heizen Sie den Dampfbackofen auf 200 °C mit aktivierter Dampffunktion vor.

5 Legen Sie den Schinken auf ein Backblech und geben Sie dieses in den Ofen. Lassen Sie den Schinken ca. 1 Stunde lang im Ofen garen.

Hauptgerichte mit Fisch und Meeresfrüchten

ROTBARSCH MIT MAYONNAISE-DIP

4 Port.

30 Min.

Leicht

Zutaten

80 g Panko-Paniermehl
80 g Mandelblättchen
4 Rotbarschfilets
6 EL Mayonnaise
6 TL Olivenöl
4 TL Zitronensaft
Salz, Pfeffer

Nährwerte p. P.

589 kcal,
16 g Kohlenhydrate,
42 g Fett,
36 g Eiweiß

1 Fetten Sie eine Auflaufform mit 4 TL Olivenöl ein und legen Sie den Rotbarsch hinein.

2 Vermengen Sie in einer Schüssel die Mandelblättchen, das Paniermehl, 2 TL Olivenöl, 2 TL Zitronensaft und Salz und Pfeffer miteinander.

3 Streuen Sie die Paniermischung über das Rotbarschfilet und drücken Sie es leicht mit der Hand an.

4 Heizen Sie den Dampfbackofen auf 180 °C Heißluft mit niedriger Dampfeinstellung vor.

5 Geben Sie die Auflaufform für ca. 15 Minuten in den Backofen.

6 Vermischen Sie in der Wartezeit die Mayonnaise mit 2 TL Zitronensaft. Würzen Sie nach Bedarf mit etwas Salz und Pfeffer.

7 Servieren Sie den Rotbarsch zusammen mit dem Dip.

FENCHEL-GARNELEN-RISOTTO

4 Port.

14 Std.
30 Min.

Schwer

Zutaten

700 ml Wasser
300 g Arborio-Reis
60 g Butter
12 Garnelen (mittelgroß)
6 Knoblauchzehen
4 Zweige Estragon
2 Zwiebeln
2 Fenchelknollen
Etwas Olivenöl
Salz

Nährwerte p. P.

521 kcal,
64 g Kohlenhydrate,
14 g Fett,
31 g Eiweiß

1 Schälen Sie die Garnelen.

2 Geben Sie die Schale und den Kopf der Garnelen, 2 zerdrückte Knoblauchzehen, ein paar Fenchelwedel, den Estragon und etwas Olivenöl in einen kleinen Topf. Braten Sie es kurz an.

3 Fügen Sie das Wasser hinzu und bringen Sie dieses zum Kochen. Lassen Sie die Brühe weiterkochen.

4 Schneiden Sie die Garnelen in zwei Stücke und die Fenchelknollen und Zwiebeln in feine Würfel. Stellen Sie die Garnelen in den Kühlschrank.

5 Geben Sie etwas Öl in eine Pfanne und braten Sie darin den Fenchel, die Zwiebeln und den restlichen Knoblauch an.

6 Fügen Sie den Arborio-Reis hinzu und lassen Sie diesen ebenfalls kurz anrösten.

7 Schütten Sie die Reis-Mischung auf ein sauberes tiefes Backblech. Fügen Sie 80 % der Brühe hinzu, indem Sie diese durch ein Sieb laufen lassen. Decken Sie das Backblech anschließend mit Alufolie ab.

8 Heizen Sie den Dampfbackofen auf 100 °C mit aktivierter Dampffunktion vor.

9 Geben Sie das abgedeckte Backblech in den Ofen und lassen Sie dieses ca. 14 Stunden lang dämpfen.

10 Nehmen Sie das Backblech aus dem Ofen und lassen Sie dieses ca. 2 Minuten lang verschlossen stehen.

11 Erhitzen Sie in einer Pfanne etwas Öl und braten Sie darin die Garnelen von beiden Seiten an.

12 Fügen Sie den Reis und die restliche Brühe hinzu. Lassen Sie es ca. 3 Minuten köcheln, bevor Sie die Butter unterrühren. Würzen Sie nach Bedarf mit Salz.

LACHS MIT SPARGEL UND KARTOFFELN

4 Port.

45 Min.

Leicht

Zutaten

600 g Lachs
120 g Kartoffeln
10 Stangen Spargel
1 Zitrone
2 EL Butter
1 EL Olivenöl
Salz, schwarzer Pfeffer

Nährwerte p. P.

427 kcal,
8 g Kohlenhydrate,
28 g Fett,
36 g Eiweiß

1 Schälen Sie die Kartoffeln und schneiden Sie diese in mundgerechte Würfel.

2 Geben Sie das Olivenöl in eine Edelstahlpfanne. Würzen Sie mit etwas Salz und Pfeffer und rühren Sie die Kartoffeln um.

3 Heizen Sie den Dampfbackofen auf 220 °C mit aktivierter Kombidampffunktion vor.

4 Stellen Sie die Pfanne in den Ofen und lassen Sie die Kartoffeln ca. 25 Minuten darin garen. Nehmen Sie die Kartoffeln anschließend heraus.

5 Erhöhen Sie die Temperatur des Dampfbackofens auf 230 °C.

6 Geben Sie die Kartoffeln auf die linke Seite eines tiefen Backblechs.

7 Legen Sie auf die rechte Seite den Lachs. Verteilen Sie die Butter über dem Lachs. Würzen Sie mit Salz und Pfeffer und geben Sie den Zitronensaft obendrauf.

8 Schneiden Sie die holzigen Enden des Spargels ab. Verteilen Sie den Spargel auf den Kartoffeln. Achten Sie dabei darauf, dass der Spargel sich möglichst nicht überlappt.

9 Schieben Sie das Backblech in den Ofen. Lassen Sie es ca. 5 Minuten garen oder so lange, bis der Lachs den gewünschten Zustand erreicht hat. Servieren Sie den Lachs gemeinsam mit dem Spargel und den Kartoffeln.

Tipp: Um dem Gemüse mehr Geschmack zu geben, können Sie am Ende des Garprozesses eine Zitrone darüber auspressen.

GEFÜLLTE GOLDBRASSE

4 Port.

1 Std. 30 Min.

Mittel

Zutaten

1 kg Goldbrasse (entschuppt & ausgenommen)
4 Zweige Koriander
3 Frühlingszwiebeln
3 cm Ingwer
2 Knoblauchzehen
2 Paprika
2 Stangen Zitronengras
2 EL Fischsoße
2 EL Olivenöl
1 EL Sesamöl
1 EL Sojasoße
Salz, Pfeffer

Nährwerte p. P.

378 kcal,
9 g Kohlenhydrate,
14 g Fett,
50 g Eiweiß

1 Trennen Sie das Ende der Zitronengrasstangen ab und entfernen Sie die äußerste Schicht. Pressen Sie die Stange mit einem Messer platt. Schneiden Sie das Zitronengras und die Frühlingszwiebeln in feine Ringe.

2 Schälen Sie den Ingwer und die Knoblauchzehen und pressen Sie diese in eine Schüssel. Schneiden Sie die Paprika in feine Würfel und fügen Sie diese ebenfalls hinzu.

3 Fügen Sie das Zitronengras, die Frühlingszwiebeln, den gehackten Koriander, die Fisch- und Sojasoße und das Sesamöl hinzu. Vermengen Sie die Zutaten gut miteinander und schmecken Sie ggf. mit etwas Salz und Pfeffer ab.

4 Waschen Sie den Fisch gründlich ab und trocknen Sie ihn anschließend mit Küchenrolle. Schneiden Sie, wenn noch nicht erledigt, die Flossen ab.

5 Setzen Sie zwei Schnitte, sodass Sie die Goldbrasse befüllen können. Legen Sie den Fisch auf ein Backblech.

6 Bestreichen Sie den Fisch mit dem Olivenöl und streuen Sie etwas Salz darüber.

7 Befüllen Sie die Goldbrasse mit der Gemüsefüllung. Lassen Sie den Fisch ca. 50 Minuten lang an einem kühlen Ort ruhen.

8 Heizen Sie den Dampfbackofen auf 100 °C mit aktivierter Dampffunktion vor.

9 Schieben Sie das Backblech in den Ofen und lassen Sie den Fisch darin ca. 20 Minuten garen.

Tipp: Die Garzeit kann je nach Backofen-Modell und der Größe der Goldbrasse variieren.

LACHS-BLÄTTERTEIG MIT SPINAT

4 Port.

1 Std..

Mittel

Zutaten

600 g TK Blattspinat
500 g Lachs
1 Zwiebel
1 Knoblauchzehe
1 Rolle Blätterteig
2 EL Semmelbrösel
1 EL Olivenöl
1 Prise Muskatnuss
Salz, Pfeffer

Nährwerte p. P.

864 kcal,
33 g Kohlenhydrate,
62 g Fett,
32 g Eiweiß

1 Lassen Sie den Blattspinat vor der Zubereitung auftauen und drücken Sie die Flüssigkeit aus.

2 Hacken Sie die Zwiebel und die Knoblauchzehe klein.

3 Erhitzen Sie etwas Olivenöl in einer Pfanne und braten Sie darin die Zwiebel und den Knoblauch an.

4 Fügen Sie den Blattspinat hinzu und würzen Sie mit Salz, Pfeffer und Muskatnuss. Lassen Sie es kurz warm werden und lassen Sie die Mischung anschließend 10 Minuten lang abkühlen.

5 Rollen Sie den Blätterteig aus und verteilen Sie darauf die Spinatmischung.

6 Waschen Sie den Lachs mit Wasser ab. Entfernen Sie ggf. die Haut und zerkleinern Sie den Lachs. Würzen Sie mit etwas Salz und Pfeffer.

7 Verteilen Sie den Lachs und die Semmelbrösel auf dem Spinat.

8 Klappen Sie erst die Ränder ein und rollen Sie anschließend die ganze Rolle zusammen.

9 Legen Sie die Rolle auf ein mit Backpapier belegtes Backblech.

10 Heizen Sie den Dampfbackofen auf 200 °C mit niedriger Dampffunktion vor.

11 Schieben Sie das Backblech in den Ofen und lassen Sie die Rolle ca. 20 - 25 Minuten backen.

Vegetarische Hauptgerichte

GEFÜLLTE ZUCCHINI

4 Port.

35 Min.

Leicht

Zutaten

400 g stückige Tomaten
150 g Reis (gekocht)
100 g Mozzarella
4 Zucchini
1 Möhre
1 Zwiebel
Salz, Pfeffer

Nährwerte p. P.

197 kcal,
24 g Kohlenhydrate,
7 g Fett,
10 g Eiweiß

1 Schneiden Sie die Zucchini der Länge nach auf und höhlen Sie die Mitte aus, sodass diese befüllt werden kann.

2 Schneiden Sie die Zucchini, die Möhre und die Zwiebel in feine Würfel.

3 Vermengen Sie das Gemüse mit den stückigen Tomaten und dem Reis und schmecken Sie alles mit etwas Salz und Pfeffer ab.

4 Befüllen Sie die Zucchini mit der Füllung und streuen Sie obendrauf den Mozzarella.

5 Platzieren Sie die Zucchini entweder in einer Auflaufform oder auf einem Backblech.

6 Stellen Sie den Dampfbackofen auf 230 °C Ober- und Unterhitze mit hoher Dampfzugabe.

7 Schieben Sie das Backblech in den Ofen und lassen Sie die Zucchini ca. 20 bis 25 Minuten garen. Je nach Größe der Zucchini kann die Gardauer variieren.

Tipp: Statt Reis können Sie auch gekochte rote Linsen hinzufügen, sodass das Gericht eine Proteinquelle beinhaltet.

MAC AND CHEESE

4 Port.

45 Min.

Mittel

Zutaten

1,1 l Milch
450 g Makkaroni
225 g Gouda
225 g Cheddar
225 g Schafskäse
110 g Semmelbrösel
60 g Butter
45 g Mehl
2 Lorbeerblätter
1 Zwiebel
2 EL Petersilie
2 TL Salz
Pfeffer, Muskatnuss

Nährwerte p. P.

1.311 kcal,
120 g Kohlenhydrate,
61 g Fett,
65 g Eiweiß

1 Geben Sie die Milch, klein geschnittene Zwiebeln und in die Lorbeerblätter in einen Topf. Lassen Sie die Milch kurz aufkochen und ziehen Sie den Topf anschließend vom Herd.

2 Erhitzen Sie die Butter in einem anderen Topf. Rühren Sie das Mehl unter, sobald die Butter geschmolzen ist. Lassen Sie es ca. 2 Minuten lang köcheln.

3 Schütten Sie die Milch langsam zu der Mehlschwitze. Rühren Sie so lange, bis sich beides miteinander verbunden hat. Lassen Sie es anschließend 5 Minuten aufkochen.

4 Würzen Sie die Soße mit Salz, Pfeffer und der Muskatnuss.

5 Rühren Sie den Gouda, Schafskäse und Cheddar unter, bis der Käse geschmolzen ist.

6 Vermischen Sie die Nudeln und die Soße in einer Auflaufform miteinander.

7 Geben Sie die Semmelbrösel, Petersilie und etwas Salz und Pfeffer in eine Schüssel. Streuen Sie den Belag obendrauf.

8 Heizen Sie den Dampfbackofen auf 180 °C mit aktivierter Kombidampffunktion vor.

9 Lassen Sie den Auflauf ca. 25 - 30 Minuten im Ofen backen.

Tipp: Testen Sie am besten, ob die Nudeln durch sind, bevor Sie den Auflauf herausnehmen.

KÜRBISRISOTTO

4 Port.

1 Std.

Mittel

Zutaten

1,6 l Gemüsebrühe
400 g Carnaroli-Reis
150 g Mozzarella
2 Knoblauchzehen
1 Butternusskürbis
1 Zwiebel
1 Bund Petersilie
2 EL Tomatenmark
Salz, Pfeffer

Nährwerte p. P.

626 kcal,
107 g Kohlenhydrate,
10 g Fett,
26 g Eiweiß

1 Entkernen Sie den Kürbis, entfernen Sie die Schale und schneiden Sie den Kürbis und die Zwiebeln in Würfel. Pressen Sie den Knoblauch.

2 Lösen Sie das Tomatenmark in der Gemüsebrühe auf.

3 Waschen Sie den Reis in 1 - 3 Durchgängen mit Wasser ab.

4 Geben Sie die Zwiebeln, den Knoblauch und den Reis auf ein tiefes Backblech. Schütten Sie die Brühe darüber und decken Sie das Backblech mit Alufolie ab.

5 Heizen Sie den Dampfbackofen auf 100 °C mit aktivierter Dampffunktion vor.

6 Schieben Sie das Backblech in den Ofen. Lassen Sie es ca. 30 - 40 Minuten dämpfen. Der Reis sollte den Großteil des Wassers aufgesaugt haben. Legen Sie den Kürbis auf ein anderes Backblech und decken Sie dieses ebenfalls mit Alufolie ab. Schieben Sie den Kürbis 10 Minuten nach dem Reis rein. Nehmen Sie die Backbleche gemeinsam heraus.

7 Rühren Sie den Kürbis, die gehackte Petersilie und den Mozzarella unter den Reis. Schmecken Sie das Risotto mit Salz und Pfeffer ab.

GEFÜLLTE KARTOFFELN

4 Port.

50 Min.

Einfach

Zutaten

200 g Edamer
200 g Sauerrahm
150 g Räuchertofu
8 Kartoffeln (mittelgroß)
2 EL Senf
Salz, Pfeffer

Nährwerte p. P.

437 kcal,
30 g Kohlenhydrate,
24 g Fett,
24 g Eiweiß

1 Waschen Sie die Kartoffeln ab und kochen Sie diese ca. 30 Minuten lang in einem Topf mit Wasser. Lassen Sie die Kartoffeln anschließend kurz abkühlen.

2 Schneiden Sie die Kartoffeln auf, ohne diese komplett durchzuschneiden. Höhlen Sie die Kartoffeln etwas aus.

3 Schneiden Sie den Räuchertofu in kleine Würfel.

4 Vermischen Sie die Kartoffelmasse mit dem Edamer, Sauerrahm, dem Senf und dem Räuchertofu. Würzen Sie mit etwas Salz und Pfeffer.

5 Befüllen Sie die Kartoffeln mit der Füllung und legen Sie diese auf ein mit Backpapier belegtes Backblech.

6 Heizen Sie den Dampfbackofen auf 180 °C mit geringer Dampfzugabe vor.

7 Schieben Sie das Backblech in den Ofen und lassen Sie die Kartoffeln ca. 10 Minuten lang backen.

LAUCH-SCHAFSKÄSE-QUICHE

8 Stk.

1 Std.
10 Min.

Schwer

Zutaten

800 g Lauch
400 g Yufka-Blätter
300 ml Sahne
200 g Schafskäse
50 ml Weißwein
4 Eier
2 Zwiebeln
Etwas Olivenöl
Salz, Pfeffer, Muskatnuss

Nährwerte p. P.

414 kcal,
25 g Kohlenhydrate,
29 g Fett,
12 g Eiweiß

1 Schlagen Sie die Sahne mit den Eiern schaumig.

2 Schneiden Sie die Zwiebeln in feine Würfel und den Lauch in dünne Ringe.

3 Erhitzen Sie etwas Olivenöl in einer Pfanne und braten Sie darin die Zwiebel und den Lauch an.

4 Löschen Sie mit dem Weißwein ab und lassen Sie es ca. 5 Minuten lang bei niedriger Hitze köcheln. Würzen Sie mit Salz, Pfeffer und Muskatnuss. Lassen Sie es anschließend abkühlen.

5 Vermischen Sie die Sahnemischung mit der Lauchmischung und rühren Sie anschließend den zerbröckelten Schafskäse unter.

6 Hüllen Sie eine runde Kuchenform mit Alufolie aus. Befeuchten Sie die Alufolie mit etwas Wasser. Legen Sie die Kuchenform mit den Yufka-Blättern aus, sodass der Teig den Rand und Boden der Form komplett bedeckt.

7 Füllen Sie die Lauchmasse in die Kuchenform. Klappen Sie den überstehenden Teig über die Oberfläche der Lauchmasse. Pinseln Sie obendrauf etwas Olivenöl.

8 Heizen Sie den Dampfbackofen auf 200 °C mit 30 % Luftfeuchtigkeit vor.

9 Schieben Sie die Quiche in den Backofen und lassen Sie diese 20 Minuten lang garen.

10 Stellen Sie den Dampfbackofen auf 180 °C mit 30 % Luftfeuchtigkeit herunter.

11 Lassen Sie die Quiche weitere 30 Minuten lang garen.

12 Nehmen Sie die Quiche aus dem Ofen und lassen Sie diese 5 - 10 Minuten lang abkühlen.

13 Öffnen Sie die Form und lösen Sie die Alufolie ab.

SPINAT-KARTOFFEL-ROLLEN

4 Port.

1 Std. 20 Min.

Schwer

Zutaten

1 kg Pellkartoffeln
450 g TK Blattspinat
150 g Mozzarella
150 g Mehl
2 Eigelbe
1 Schalotte
1 Knoblauchzehe
2 EL Pinienkerne
2 EL Crème fraîche
1 Prise Muskatnuss
Etwas Butter
Salz, weißer Pfeffer

Nährwerte p. P.

534 kcal,
74 g Kohlenhydrate,
17 g Fett,
19 g Eiweiß

1 Heizen Sie den Dampfbackofen auf 100 °C mit aktivierter Dampffunktion vor.

2 Legen Sie die Kartoffeln auf ein Backblech und dämpfen Sie die Pellkartoffeln ca. 35 - 45 Minuten. Je nach Größe der Kartoffeln kann die Garzeit variieren.

3 Lassen Sie die Kartoffeln kurz abkühlen. Pellen Sie die Kartoffeln anschließend und zerdrücken Sie diese mit einem Kartoffelstampfer.

4 Vermengen Sie das Mehl, Eigelb, etwas Salz und Muskatnuss miteinander. Rühren Sie anschließend die Kartoffeln unter und vermengen Sie alles zu einem glatten Teig.

5 Heizen Sie den Dampfbackofen auf 100 °C mit aktivierter Dampffunktion vor.

6 Geben Sie den Spinat auf ein Backblech und dämpfen Sie ihn ca. 5 - 10 Minuten lang im Ofen. Pressen Sie anschließend das Wasser aus dem Spinat.

7 Braten Sie die gehackte Schalotte und den gepressten Knoblauch in etwas Butter an.

8 Vermengen Sie die Schalotte, den Knoblauch, Käse, Crème fraîche und den Spinat miteinander. Würzen Sie mit Salz, Pfeffer und Muskatnuss und rühren Sie die Pinienkerne unter.

9 Bemehlen Sie die Arbeitsfläche. Rollen Sie darauf den Kartoffelteig zu einem Rechteck aus. Bedecken Sie den Teig mit der Spinatfüllung.

10 Rollen Sie den Teig zu einer Rolle zusammen. Legen Sie die Rolle auf ein mit Backpapier belegtes Backblech.

11 Heizen Sie den Dampfbackofen auf 100 °C mit aktivierter Dampffunktion vor.

12 Schieben Sie das Backblech in den Ofen und lassen Sie die Rolle ca. 20 Minuten lang dämpfen. Schneiden Sie die Spinat-Kartoffel-Rolle zum Servieren in Scheiben.

Vegane Hauptgerichte

BLUMENKOHL AUF HUMMUS

 4 Port.
 1 Std..
 Leicht

Zutaten

400 g Hummus
45 g Mandelblättchen
2 Zitronen
1 Fladenbrot
1 großer Blumenkohl
1 Knoblauchzehe
2 EL Olivenöl
2 TL Paprikapulver
1 TL Kurkuma
1 TL Kreuzkümmel
1 TL Koriander
Salz, schwarzer Pfeffer

Nährwerte p. P.

479 kcal,
58 g Kohlenhydrate,
16 g Fett,
17 g Eiweiß

1 Reiben Sie die Zitronenschale ab und pressen Sie den Knoblauch und den Zitronensaft in eine große Schüssel. Fügen Sie die Gewürze und das Öl hinzu und würzen Sie nach Geschmack mit Salz und schwarzem Pfeffer.

2 Entfernen Sie die Blätter des Blumenkohls und waschen Sie diesen gründlich ab. Wälzen Sie den Blumenkohl in der Marinade. Achten Sie darauf, dass der Blumenkohl komplett mit der Marinade bedeckt ist.

3 Legen Sie den Blumenkohl, wenn vorhanden, in einen Bräter.

4 Heizen Sie den Dampfbackofen auf 200 °C mit aktivierter Kombidampffunktion vor.

5 Geben Sie den Blumenkohl für ca. 40 ^~ 45 Minuten in den Dampfbackofen.

6 Erwärmen Sie das Fladenbrot nach den Anweisungen auf der Verpackung.

7 Verteilen Sie den Hummus auf die Teller. Zerteilen Sie den Blumenkohl und das Fladenbrot in 4 Stücke. Servieren Sie den Blumenkohl gemeinsam mit dem Fladenbrot. Garnieren Sie die Teller mit den Mandelblättchen.

MANDELMILCHREIS

4 Port.

35 Min.

Einfach

Zutaten

1 l Mandelmilch
350 g Milchreis
1 Pck. Vanillezucker
2 EL Puderzucker
2 EL Rosinen
1 TL Zimt

Nährwerte p. P.

422 kcal,
97 g Kohlenhydrate,
1 g Fett,
7 g Eiweiß

1 Vermischen Sie alle Zutaten in einem tiefen sauberen Backblech.

Tipp: Verwenden Sie je nach Geschmack mehr oder weniger Zimt, Rosinen und Puderzucker.

2 Heizen Sie den Dampfbackofen auf 100 °C mit aktivierter Dampffunktion vor.

3 Schieben Sie das Backblech in den Ofen und lassen Sie den Milchreis ca. 30 Minuten lang dämpfen.

4 Rühren Sie den Milchreis vor dem Servieren um und schmecken Sie ihn mit Zimt ab.

Tipp: Sie können als Toppings für den Milchreis bspw. Nüsse, Schokodrops oder Früchte verwenden.

QUINOA-BROKKOLI-BOWL

 4 Port.

 10 Std.

 Mittel

Zutaten

200 g Quinoa (dreifarbig)
40 g Pinienkerne
25 ml Sojasoße
1 Lauchstange
1 Knoblauchzehe
1 rote Chilischote
1 Brokkoli
2 EL Sesamöl
2 EL Sesamsamen
2 TL Honig
2 TL Reisweinessig
½ TL Salz

Nährwerte p. P.

387 kcal,
43 g Kohlenhydrate,
15 g Fett,
15 g Eiweiß

1 Weichen Sie die Quinoa am Abend vorher in Wasser ein und lassen Sie die Quinoa die Nacht über darin. Schütten Sie am nächsten Tag das Wasser ab und spülen Sie die Quinoa mit kaltem Wasser ab.

2 Rösten Sie die Sesamsamen und die Pinienkerne in einer Pfanne ohne Öl an.

3 Geben Sie die Quinoa und 400 ml Wasser in ein tiefes Backblech oder eine Auflaufform.

4 Heizen Sie den Dampfbackofen auf 100 °C vor.

5 Geben Sie die Quinoa für ca. 5 - 10 Minuten in den Dampfbackofen.

6 Schneiden Sie den Brokkoli in mundgerechte Röschen und schneiden Sie den Lauch in dünne Ringe. Legen Sie das Gemüse auf ein Backblech.

7 Heizen Sie den Dampfbackofen auf 100 °C mit aktivierter Dampffunktion vor.

8 Geben Sie das Gemüse für ca. 8 - 10 Minuten in den Backofen.

9 Entkernen Sie die Chilischoten und schneiden Sie diese in feine Würfel. Pressen Sie die Knoblauchzehe. Vermengen Sie die Chilischote und den Knoblauch mit der Sojasoße, Sesamöl, Honig, Reisweinessig und Salz. Schmecken Sie das Dressing nach Bedarf ab.

10 Vermischen Sie das Dressing mit dem Gemüse und der Quinoa. Schmecken Sie die Bowl mit Gewürzen ab und streuen Sie obendrauf die Sesamsamen und die Pinienkerne.

WÜRZIGE LINSEN

 4 Port.

 10 Std.

 Mittel

Zutaten

600 ml Gemüsebrühe
500 g grüne Linsen
30 g Estragonblätter
40 g Butter
6 Zweige Thymian
2 Zwiebeln
2 Möhren
Etwas Olivenöl
Salz, schwarzer Pfeffer

Nährwerte p. P.

521 kcal,
59 g Kohlenhydrate,
10 g Fett,
37 g Eiweiß

1 Legen Sie die Linsen einen Tag vor dem Kochen in kaltes Wasser ein. Verschließen Sie die Schüssel und lassen Sie diese im Kühlschrank stehen.

2 Schütten Sie das Wasser ab und waschen Sie die Linsen unter kaltem Wasser ab.

3 Schneiden Sie die Zwiebel und die Möhre in feine Würfel.

4 Erhitzen Sie etwas Olivenöl in einer Pfanne und braten Sie darin die Zwiebel und die Möhre an.

5 Fügen Sie die Butter hinzu und lassen Sie diese ca. 2 Minuten lang schmelzen.

6 Lösen Sie den Thymian von den Zweigen und geben Sie diesen ebenfalls in die Pfanne.

7 Schütten Sie die Gemüsebrühe und die Linsen in die Pfanne und bringen Sie die Brühe zum Kochen.

8 Heizen Sie den Dampfbackofen auf 80 °C mit aktivierter Kombidampffunktion vor.

9 Stellen Sie die Pfanne in den Dampfbackofen und lassen Sie die Linsen ca. 20 Minuten lang garen.

Tipp: Probieren Sie die Linsen nach Ablauf der Zeit, um zu testen, ob diese die gewünschte Konsistenz erreicht haben.

10 Schmecken Sie die Linsen mit den gehackten Estragonblättern, Salz und Pfeffer ab.

HACKBÄLLCHEN MIT BLUMENKOHLREIS

4 Port.

1 Std.

Mittel

Zutaten

500 ml Arrabiata-Soße
500 g veganes Hack
400 g Kirschtomaten
4 Knoblauchzehen
2 Zweige Oregano
1 Blumenkohl
1 Zwiebel
Etwas Butter
Salz, Pfeffer

Nährwerte p. P.

313 kcal,
18 g Kohlenhydrate,
12 g Fett,
30 g Eiweiß

1 Schneiden Sie die Zwiebel in feine Würfel und pressen Sie 1 Knoblauchzehe. Vermischen Sie den Knoblauch, die Zwiebeln, das Hack und Salz und Pfeffer miteinander.

2 Formen Sie aus der Mischung Frikadellen.

3 Geben Sie etwas Butter, die Tomaten, 3 gepresste Knoblauchzehen und Salz und Pfeffer in einen Topf. Lassen Sie es 2 Minuten lang aufkochen.

4 Fügen Sie die Arrabiata-Soße hinzu und lassen Sie es 5 Minuten köcheln.

5 Reiben oder pürieren Sie den Blumenkohl, sodass der Blumenkohl eine reisähnliche Größe hat.

6 Heizen Sie den Dampfbackofen auf 100 °C mit aktivierter Dampffunktion vor.

7 Geben Sie den Blumenkohlreis in eine Auflaufform und dämpfen Sie diesen ca. 10 Minuten lang im Dampfbackofen. Nehmen Sie den Blumenkohlreis heraus.

8 Braten Sie die Frikadellen in einer Pfanne mit etwas Butter an, bis die Frikadellen außen kross werden. Geben Sie die Soße hinzu und lassen Sie diese kurz aufkochen.

9 Servieren Sie die Frikadellen, Soße und den Blumenkohlreis zusammen. Streuen Sie den frischen Oregano obendrauf

Desserts

ZIMTSCHNECKEN

10 Stk.

1 Std.
20 Min.

Mittel

Zutaten

500 g Mehl
270 ml Milch
150 g Butter (weich)
50 g Zucker
½ Hefewürfel
4 EL brauner Zucker
2 TL Vanillezucker
2 TL Zimt

Nährwerte p. P.

329 kcal,
44 g Kohlenhydrate,
14 g Fett,
6 g Eiweiß

1 Geben Sie die Milch und 50 g Butter in einen kleinen Topf. Erhitzen Sie die Mischung, bis die Butter geschmolzen ist. Nehmen Sie den Topf vom Herd und lassen Sie die Mischung abkühlen.

2 Vermischen Sie das Mehl, den Zucker, Vanillezucker und die Hefe miteinander.

3 Fügen Sie die Milchmischung ebenfalls hinzu und verkneten Sie alles zu einem Teig.

4 Lassen Sie den Teig 30 Minuten lang zugedeckt ruhen.

Tipp: Sie können für Schritt 4 ebenfalls die Gärfunktion des Dampfbackofens verwenden.

5 Rollen Sie den Teig zu einem flachen Rechteck aus.

6 Vermischen Sie 100 g weiche Butter mit dem braunen Zucker und Zimt. Streichen Sie die Mischung auf den Teig.

7 Rollen Sie den Teig von der langen Seite aus zusammen. Schneiden Sie die Rolle anschließend in 10 einzelne Zimtschnecken.

8 Heizen Sie den Dampfbackofen auf 170 °C Umluft mit aktivierter Dampffunktion vor.

9 Fetten Sie eine Auflaufform mit etwas Butter ein. Legen Sie die Zimtschnecken mit der Schnittstelle nach oben in die Auflaufform.

10 Decken Sie die Auflaufform mit einem Handtuch ab und lassen Sie die Zimtschnecken noch einmal 10 Minuten ruhen.

11 Geben Sie die Auflaufform für ca. 20 ^~ 25 Minuten in den Backofen.

KAISERSCHMARRN

4 Port.

40 Min.

Mittel

Zutaten

500 ml Milch
250 g Mehl
20 g Zucker
5 Eier
4 EL Rosinen
4 EL Butter
1 Prise Salz

Nährwerte p. P.

526 kcal,
63 g Kohlenhydrate,
22 g Fett,
18 g Eiweiß

1 Verrühren Sie das Mehl, den Zucker, die Milch und die Prise Salz in einer Schüssel. Achten Sie darauf, dass am Ende keine Klumpen vorhanden sind.

2 Verquirlen Sie die Eier in einer separaten Schüssel und rühren Sie diese anschließend unter den Teig aus Schritt 1.

3 Schieben Sie ein sauberes Backblech in den Backofen und heizen Sie diesen auf 200 °C Heißluft vor.

4 Holen Sie das Backblech heraus, sobald 200 °C erreicht wurden. Lassen Sie darauf 2 EL Butter schmelzen.

5 Verteilen Sie den Teig auf dem Blech und streuen Sie obendrauf die Rosinen.

6 Geben Sie das Backblech in den Ofen und stellen Sie eine mittlere Dampfzugabe ein. Lassen Sie den Kaiserschmarrn 15 ^~ 20 Minuten backen.

7 Holen Sie das Backblech heraus und zerteilen Sie den Kaiserschmarrn mit zwei Pfannenwendern. Rühren Sie währenddessen auch die restlichen 2 EL Butter unter.

8 Streuen Sie vor dem Servieren Puderzucker über den Kaiserschmarrn.

GERMKNÖDEL MIT BLAUBEER-FÜLLUNG

5 Port.

2 Std.

Schwer

Zutaten

350 g Weizenmehl (Type 405)
325 ml Milch
100 g Blaubeeren
100 g Butter (weich)
85 g Zucker
20 g Hefe (frisch)
6 Eigelbe
1 Pck. Vanillezucker
½ Vanilleschote
3 EL Puderzucker
3 EL Mohn (gemahlen)
1 TL Speisestärke
1 Prise Salz

Nährwerte p. P.

654 kcal,
79 g Kohlenhydrate,
30 g Fett,
14 g Eiweiß

1 Vermischen Sie 125 ml Milch mit der zerkrümelten Hefe und 50 g Zucker.

2 Vermengen Sie in einer weiteren Schüssel das Mehl und den Vanillezucker miteinander.

3 Bilden Sie in der Mitte eine Mulde. Verteilen Sie 1 Prise Salz auf dem Rand der Mulde und geben Sie 3 Eigelbe und die Mischung aus Schritt 1 in die Mitte der Mulde. Lassen Sie es 5 Minuten so stehen, bis in der Mitte Blasen entstehen.

4 Fügen Sie die weiche Butter hinzu und verkneten Sie die Masse zu einem Teig.

5 Geben Sie den Teig in eine Schüssel und stellen Sie diese in den Dampfbackofen. Stellen Sie Gärstufe 1 ein und lassen Sie den Teig ca. 30 Minuten lang ruhen.

Tipp: Optional können Sie den Teig auch zugedeckt an einem warmen Ort ruhen lassen.

6 Nehmen Sie den Teig aus dem Ofen und bedecken Sie diesen mit einem Handtuch. Lassen Sie den Teig 2 Minuten lang ruhen.

7 Bemehlen Sie eine Arbeitsfläche und kneten Sie den Teig darauf gründlich durch.

8 Formen Sie den Teig zu einer Rolle und schneiden Sie daraus 5 gleich große Teigstücke.

9 Rollen Sie die Teigstücke zu einer Kugel und drücken Sie die Teigstücke anschließend flach, sodass kleine Kreise entstehen.

10 Geben Sie in die Mitte der Kreise ein paar Blaubeeren. Verschließen Sie den Teig über den Blaubeeren und rollen Sie die Germknödel zu einer Kugel.

11 Bemehlen Sie eine Arbeitsfläche und legen Sie die Germknödel mit der Verschlussseite nach unten darauf. Feuchten Sie ein Handtuch an und legen Sie dieses darüber. Lassen Sie die Germknödel ca. 15 Minuten ruhen.

12 Heizen Sie den Dampfbackofen auf 100 °C mit aktivierter Dampffunktion vor.

13 Legen Sie die Germknödel auf ein mit Backpapier belegtes Backblech und geben Sie diese ca. 20 Minuten lang in den Ofen.

14 Halbieren Sie die Vanilleschote und schaben Sie das Vanillemark mit einem Messer heraus. Lösen Sie die Speisestärke in etwas Wasser auf.

15 Geben Sie die Speisestärke, 35 g Zucker, das Vanillemark, die Vanilleschote und 100 ml Milch in einen Topf und lassen Sie es aufkochen.

16 Verquirlen Sie in einer separaten Schüssel 3 Eigelbe mit 100 ml Milch und schlagen Sie es wie Sahne auf.

17 Geben Sie die Mischung ebenfalls in den Topf aus Schritt 15 und lassen Sie es erneut kurz aufkochen. Lassen Sie die Vanillesoße abkühlen.

18 Servieren Sie die Germknödel mit der Vanillesoße und streuen Sie Mohn und den Puderzucker darüber.

HIMBEER-SCHOKOLADEN-KUCHEN

10 Stk.

1 Std.

Leicht

Zutaten

200 g Ricotta-Käse
200 g Mehl
150 g Butter (geschmolzen)
150 g Zucker
120 g Schokodrops
100 g TK Himbeeren
80 ml Milch
2 Eier
1 ½ TL Vanilleextrakt
1 TL Backpulver
Etwas Butter

Nährwerte p. P.

356 kcal,
38 g Kohlenhydrate,
20 g Fett,
6 g Eiweiß

1 Vermengen Sie die Eier, den Ricotta-Käse, die Butter, Milch und das Vanilleextrakt in einer Schüssel miteinander.

2 Fügen Sie das Mehl, den Zucker und das Backpulver in eine andere Schüssel und verrühren Sie die Zutaten kurz miteinander.

3 Schütten Sie die Mischung aus Schritt 1 zu der Mehlmischung und vermengen Sie alles gründlich miteinander.

4 Rühren Sie die Himbeeren und die Schokodrops vorsichtig unter den Teig.

5 Heizen Sie den Dampfbackofen auf 180 °C mit Kombidampffunktion vor.

6 Fetten Sie eine längliche Kuchenform mit etwas Butter ein. Zusätzlich können Sie dic Backform auch mit etwas Backpapier auslegen.

7 Füllen Sie den Teig in die Kuchenform und streichen Sie die Oberfläche glatt.

8 Geben Sie den Kuchen für ca. 40 - 45 Minuten in den Backofen. Führen Sie eine Stäbchenprobe durch, sobald der Kuchen obendrauf goldbraun ist.

9 Lassen Sie den Kuchen ca. 10 Minuten in der Form abkühlen, bevor Sie ihn herausnehmen.

Tipp: Bevor Sie den Kuchen schneiden, sollte dieser vollkommen abgekühlt sein.

KAFFEE-KÜCHLEIN

6 Stk.

50 Min.

Mittel

Zutaten

250 ml Orangensaft
100 g Butter
140 g Zucker
50 ml Wasser (heiß)
50 g Speisestärke
50 g Mehl
20 ml Orangenlikör
2 Eier
2 EL Instantkaffee
1 Pck. Vanillezucker
½ TL Backpulver
1 Prise Zimt

Nährwerte p. P.

319 kcal,
42 g Kohlenhydrate,
16 g Fett,
3 g Eiweiß

1 Trennen Sie die Eier, sodass Eigelb und Eiweiß in zwei unterschiedlichen Schüsseln sind.

2 Vermengen Sie das Eigelb mit 90 g Zucker, der weichen Butter und dem Vanillezucker. Schlagen Sie die Mischung schaumig.

3 Lösen Sie den Instantkaffee in 50 ml heißem Wasser auf. Schütten Sie den Kaffee zu der Mischung aus Schritt 2 und mischen Sie ihn unter.

4 Vermengen Sie das Mehl, Backpulver und die Speisestärke in einer Schüssel miteinander.

5 Schlagen Sie das Eiweiß steif und geben Sie dieses anschließend gemeinsam mit der Mehlmischung zu der Mischung aus Schritt 3. Vermengen Sie alles vorsichtig miteinander, sodass das Volumen der Sahne nicht verloren geht.

6 Fetten Sie 6 gleich große ofenfeste Förmchen/Schüsseln mit etwas Butter ein und füllen Sie den Teig hinein.

7 Heizen Sie den Dampfbackofen auf 180 °C mit aktivierter Dampffunktion vor.

8 Geben Sie die Förmchen für ca. 30 - 35 Minuten in den Backofen.

9 Kochen Sie währenddessen den Orangensaft, 50 g Zucker, Orangenlikör und Zimt in einem Topf auf. Sobald die Mischung sirupähnlich wird, ist sie fertig.

10 Stürzen Sie den Kuchen nach dem Backen in kleine Schüsseln oder auf kleine Teller. Toppen Sie den Kuchen mit dem Orangensirup.

Tipp: Sie können den Kuchen zusätzlich ebenfalls mit etwas Schlagsahne toppen.

KÜRBISKUCHEN

10 Stk.

7 Std.

Mittel

Zutaten

750 g Frischkäse
400 g Kürbispüree
250 g Lebkuchenplätzchen/Butterkekse
250 ml Sahne
220 g Kristallzucker
50 g Butter
5 Eier
2 EL Kristallzucker
1 TL Ingwer
1 TL Zimt
½ TL Nelken (gemahlen)
¼ TL Muskatnuss (gemahlen)
1 Prise Salz

Nährwerte p. P.

537 kcal,
44 g Kohlenhydrate,
36 g Fett,
10 g Eiweiß

1 Geben Sie das Kürbispüree, 220 g Zucker und die Gewürze in einen Topf. Lassen Sie die Mischung bei mittlerer Wärmezufuhr aufkochen. Wenn die Mischung dickflüssig wird, ist diese fertig. Lassen Sie es im Topf abkühlen.

Tipp: Falls Sie kein Kürbispüree finden, können Sie dieses ganz einfach selbst zubereiten. Hierzu erhitzen Sie etwas Wasser in einem Topf und kochen darin 400 g Kürbis (z. B. Hokkaido) für ca. 10 - 15 Minuten. Schütten Sie das Wasser ab und pürieren Sie den Kürbis anschließend.

2 Zerkleinern Sie die Kekse in einer Tüte. Vermengen Sie 2 EL Zucker, die Krümel und die geschmolzene Butter miteinander.

3 Legen Sie den Boden einer runden Backform mit Backpapier aus und fetten Sie den Rand mit etwas Butter ein. Geben Sie die Mischung aus Schritt 2 hinzu und drücken Sie diese am Boden fest.

4 Heizen Sie den Dampfbackofen auf 180 °C Umluft vor.

5 Geben Sie die Kuchenform für ca. 12 Minuten in den Backofen. Lassen Sie den Kuchenboden anschließend auskühlen.

6 Verrühren Sie die Kürbismischung aus Schritt 1 mit dem Frischkäse, der Sahne und einer Prise Salz. Rühren Sie den Teig glatt.

7 Fügen Sie die Eier hinzu und rühren Sie diese sorgfältig unter.

8 Schütten Sie den Teig in die Kuchenform und streichen Sie diesen oben glatt. Bedecken Sie die Kuchenform mit Alufolie.

9 Heizen Sie den Dampfbackofen auf 95 °C mit aktivierter Dampfeinstellung vor.

10 Schieben Sie den Kuchen in den Backofen und lassen Sie diesen ca. 2 Stunden lang dämpfen.

11 Schalten Sie nach Ablauf der Zeit den Backofen aus. Lassen Sie den Kuchen im Backofen stehen und abkühlen.

12 Stellen Sie den Kuchen anschließend für ca. 4 Stunden (oder über Nacht) in den Kühlschrank, sodass er komplett fest wird.

Tipp: Als Topping für den Kuchen können Sie bspw. Mascarpone oder Sahne verwenden.

GEFÜLLTE ÄPFEL

 4 Port.

 30 Min.

 Leicht

Zutaten

100 g Walnüsse
4 Äpfel
4 EL Honig
1 EL Rosinen

Nährwerte p. P.

307 kcal,
35 g Kohlenhydrate,
16 g Fett,
5 g Eiweiß

1 Entkernen Sie die Äpfel vorsichtig mit einem Messer oder einem Apfelausstecher. Schneiden Sie den unteren Teil des Inneren ab und befestigen Sie diesen unten am Apfel, sodass es als Stopfen fungiert. Nehmen Sie hierzu einen Zahnstocher zu Hilfe.

2 Hacken Sie die Walnüsse klein und vermengen Sie diese mit den Rosinen.

3 Platzieren Sie die Äpfel auf einem Backblech und befüllen Sie diese mit der Walnuss-Rosinen-Mischung.

4 Heizen Sie den Dampfbackofen auf 100 °C mit aktivierter Dampffunktion vor.

5 Schieben Sie die Äpfel in den Ofen und lassen Sie diese ca. 20 Minuten darin garen.

6 Verteilen Sie die Äpfel auf Teller oder Schüsseln und gießen Sie jeweils 1 EL Honig über jeden Apfel.

BLAUBEERMUFFINS

8 Port.

30 Min.

Leicht

Zutaten

160 g Dinkelmehl
125 g Zucker
100 g Frischkäse
50 g Schokodrops
50 g Blaubeeren
50 g Margarine
2 Eier
1 Pck. Vanillezucker
1 TL Backpulver

Nährwerte p. P.

270 kcal,
34 g Kohlenhydrate,
13 g Fett,
5 g Eiweiß

1 Schlagen Sie den Zucker, Vanillezucker und die Eier mit einem Handrührgerät schaumig.

2 Fügen Sie die flüssige Margarine, das Mehl, Backpulver und den Frischkäse hinzu und rühren Sie alles zu einem glatten Teig.

3 Rühren Sie zum Schluss die Blaubeeren und die Schokodrops unter. Verteilen Sie den Teig auf 8 Muffinförmchen.

Tipp: Falls Sie statt Papierförmchen auf Silikonförmchen zurückgreifen, sollten Sie diese mit etwas Margarine einfetten.

4 Heizen Sie den Dampfbackofen auf Ober- und Unterhitze 180 °C vor.

5 Schieben Sie die Muffins in den Ofen und lassen Sie diese 18 - 20 Minuten im Backofen garen. Führen Sie eine Stäbchenprobe durch.

SCHOKOKUCHEN

12 Stk.

1 Std. 40 Min.

Mittel

Zutaten

400 g dunkle Schokolade
300 ml Sahne
250 g Mehl
240 ml Milch
240 ml Sonnenblumenöl
240 ml Wasser
220 g Puderzucker
100 g brauner Zucker
70 g Backkakao
2 Eier
2 TL Backpulver
1 TL Vanilleextrakt
1 TL Zitronensaft
½ TL Salz
Etwas Butter

Nährwerte p. P.

633 kcal,
63 g Kohlenhydrate,
38 g Fett,
7 g Eiweiß

1 Fetten Sie zwei gleich große runde Kuchenformen mit etwas Butter ein.

2 Vermengen Sie den Backkakao, das Mehl, den Puderzucker, das Backpulver und das Salz in einer großen Schüssel miteinander.

3 Verrühren Sie in einer anderen Schüssel alle Zutaten, außer dem Wasser, der Sahne und der dunklen Schokolade, miteinander.

4 Fügen Sie die Mischung aus Schritt 3 zu der Mischung aus Schritt 2. Rühren Sie den Teig so lange um, bis alles gut miteinander vermischt ist.

5 Rühren Sie als Letztes das Wasser unter.

6 Heizen Sie den Dampfbackofen auf 160 °C mit aktivierter Kombidampffunktion vor.

7 Verteilen Sie den Teig gleichmäßig auf beide Kuchenformen. Geben Sie den Kuchen für ca. 20 - 22 Minuten in den Backofen.

8 Lassen Sie den Kuchen anschließend ca. 10 Minuten in der Kuchenform abkühlen.

9 Schmelzen Sie die dunkle Schokolade in einem Wasserbad. Vermischen Sie die Schokolade anschließend mit der Sahne.

10 Streichen Sie eine dünne Schicht der Glasur auf die Oberseite eines der Kuchenböden. Legen Sie den anderen Kuchenboden obendrauf. Verteilen Sie die restliche Glasur an der Seite und Oberseite des Kuchens.

11 Lassen Sie die Glasur anschließend abkühlen. Hierzu können Sie den Kuchen in den Kühlschrank stellen.

SCHOKOPUDDING

6 Port.

20 Min.

Leicht

Zutaten

140 g brauner Zucker
100 g dunkle Schokolade (70 % Kakaogehalt)
90 g Butter
80 g Mandeln (gemahlen)
6 Stücke Schokolade
4 Eier
1 Vanillestange
1 EL Trockenhefe
1 Prise Salz

Nährwerte p. P.

486 kcal,
34 g Kohlenhydrate,
35 g Fett,
9 g Eiweiß

1 Trennen Sie das Eiweiß und Eigelb voneinander.

2 Schneiden Sie die Vanille auf und kratzen Sie das Mark heraus.

3 Vermengen Sie das Vanillemark, das Eiweiß, den Zucker und die Prise Salz miteinander. Schlagen Sie die Mischung auf, bis sich der Zucker vollkommen aufgelöst hat.

4 Geben Sie die Butter und die Schokolade in eine Schüssel und lassen Sie diese in einem Wasserbad komplett schmelzen.

5 Rühren Sie das Eigelb und die Butter-Schokoladen-Mischung unter die Mischung aus Schritt 3.

6 Vermengen Sie die gemahlenen Mandeln mit der Hefe und rühren Sie diese ebenfalls unter.

7 Verteilen Sie den Pudding auf 6 ofenfeste Schüsseln.

8 Heizen Sie den Dampfbackofen auf 100 °C mit aktivierter Dampffunktion vor.

9 Stellen Sie die Gläser auf ein Backblech und lassen Sie diese ca. 9 Minuten im Ofen dämpfen.

10 Legen Sie nach dem Herausnehmen auf jeden Pudding ein Stück Schokolade, sodass dieses schmilzt. Genießen Sie den Pudding entweder warm oder lassen Sie diesen abkühlen.

WALNUSSKUCHEN

10 Stk. 50 Min. Mittel

Zutaten

410 g Butter (gesalzen)
250 g Puderzucker
225 g Zucker
225 g Mehl
100 g Walnüsse
4 Eier
3 Espresso-Shots
½ TL Salz

Nährwerte p. P.

667 kcal,
66 g Kohlenhydrate,
43 g Fett,
5 g Eiweiß

1 Geben Sie die Walnüsse in eine kleine Pfanne und rösten Sie diese ohne Öl an, bis der Nussduft intensiver wird. Hacken Sie ¾ der Walnüsse und stellen Sie die restlichen ¼ beiseite.

2 Schlagen Sie 225 g Butter mit 225 g Zucker schaumig. Fügen Sie während des Rührens nach und nach die Eier hinzu.

3 Heben Sie das Mehl, die ¾ Walnüsse, das Salz und 1 ½ Espresso-Shots unter.

4 Legen Sie zwei runde Kuchenformen mit Backpapier aus und fetten Sie den Rand mit Butter ein. Schütten Sie den Kuchenteig gleichmäßig in beide Formen hinein und streichen Sie die Oberfläche glatt.

5 Heizen Sie den Dampfbackofen auf 160 °C mit aktivierter Dampffunktion vor.

6 Geben Sie die Kuchen für ca. 25 - 30 Minuten in den Backofen.

7 Vermengen Sie in einer Schüssel den Puderzucker, 1 ½ Espresso-Shots und 185 g Butter miteinander. Schlagen Sie die Buttercreme auf, bis diese luftig ist.

8 Lassen Sie die Kuchen nach dem Backen vollkommen abkühlen.

9 Streichen Sie auf die Oberfläche einer der Kuchen die Buttercreme. Legen Sie anschließend den anderen Kuchen obendrauf.

10 Bedecken Sie den Kuchen komplett mit der Buttercreme und dekorieren Sie den Kuchen mit den ¼ Walnüssen.

VANILLEPUDDING

6 Port.

40 Min.

Leicht

Zutaten

540 ml Sahne
150 g Zucker
8 Eigelbe
1 ½ TL Vanillezucker
½ TL Salz

Nährwerte p. P.

426 kcal,
30 g Kohlenhydrate,
31 g Fett,
6 g Eiweiß

1 Vermischen Sie in einer großen Schüssel alle Zutaten, außer der Sahne, miteinander.

2 Schütten Sie die Sahne in einen Topf und bringen Sie diese zum Kochen. Nehmen Sie den Topf anschließend vom Herd.

3 Fügen Sie mit einer Kelle langsam die Sahne zu der Eier-Mischung hinzu. Rühren Sie währenddessen dauerhaft.

4 Lassen Sie die Mischung durch ein feines Sieb laufen, bevor Sie den Pudding in 6 kleine ofenfeste Gläser/Schüsseln füllen.

5 Heizen Sie den Dampfbackofen auf 200 °C mit aktivierter Dampffunktion vor.

6 Geben Sie die Schüsseln für ca. 25 – 30 Minuten in den Ofen. Der Pudding ist fertig, sobald er fest ist.